宝満・三郡山系徹底踏査！

私だけの「秘境」と「楽園」を探して

チーム・N編

海鳥社

［序に代えて］

渉覧《しょうらん》山水《さんすい》の心で歩こう

地理に「宝満・三郡山系」というくくりはない。用語としてあるのは、三郡山地であり、脊振山地と併せて筑紫山地と呼ぶ。しかしながら、本書は地理の本ではない。山登りのガイドブックである。登山者の一般的な感覚としては、「宝満・三郡山系」のほうがなじみ深く、なによりすんなり腑に落ちるだろう。

　本書では、その範囲を南の桝形《ますがた》城趾から北の米ノ山までとし、宝満山に近い人気の山、四王寺山と大根地《おおねち》山を加えた。筑紫野市、太宰府市、大野城市、飯塚市、宇美町、須恵町、篠栗町にまたがる山域である。

　その中心は、なんといっても宝満山であろう。福岡県下で最も登山者の多い山といわれるだけあって、よほどの荒天でもない限り、いつも誰かが必ず登っている。巨岩と懸崖から成る山頂付近は、あたかも岩の要塞の感がある。

　また、南に愛嶽《おだけ》山、西に四王寺山、東に大根地山という宗教的色彩の濃い山を配し、それらが脇を固める姿は神秘のベールに包まれた聖域のようでもある。

　一方、宝満山から北へたどって仏頂山をすぎると、淡いグラデーションを描くかのように不思議と宗教色は薄れてゆき、ショウケ越

を挟んだ若杉山に至って再びその彩を強く帯びる。それもまたこの山系の面白いところである。

南北に長く、複数の市町にまたがる山域だけに登山道は数あり、四方から延びている。それぞれに異なる味わいがあるのは当然のこと。それらを一つ一つ吟味しながら歩くのも山登りの楽しみである。

頂に一度立って終わりでは、あまりにももったいない。本書が宝満・三郡山系の山々をきわめる手掛かり足掛かりになれば、望外の喜びである。

さて、この山域を楽しむためのコツを少々。

弘法大師空海の書に「渉覧山水」という言葉がある。入唐を控えた空海は、宝満山の懐に籠り、航海の安全を祈願したと伝えられる。浅学ながら、先の言葉を「深く山に分け入り、あるがままの自然の中に心身を解き放ち、心を無にして山と一体となる」というふうに解釈すれば、九州の、とりわけ宝満・三郡山系の山登りにふさわしい言葉に思えて仕方がない。

岩と氷のヨーロッパアルプスや森林限界を越える日本アルプスとは異なり、九州の山の多くは、照葉樹と落葉樹からなる混交林に覆われている。宝満・三郡山系もその例に洩れず、豊かな森が水を育み、水が岩を削って幾多の渓や滝を作っている。これらを深く心で愛で、慈しみながら登る。

言い換えれば、単に山の頂を目指すだけではなく、その道中で森を呼吸し、水に遊び、道脇の草花との会話を楽しむということ。あるいは、巨岩や石仏の前でたたずみ、風を感じ、鳥の歌に耳を澄まし、ときには誰かの面影を思い出しつつ歩こうということ。

山に入れば、すべては一期一会。渉覧山水の心があれば、どんなルートでももっと山登りが深く楽しくなること請け合いである。

宝満山山頂からの展望。奥に英彦山、その手前に古処三山。胸のすく眺めが多くの登山者をとりこにする。

CONTENTS

＊表記について
山名や地名は、国土地理院発行の地形図の表記に従っています。ただし、地元や登山者の間に広く定着している表記を一部用いています。「菅生の滝」などの漢字に挟まれた「の」は、前後にカタカナのない限り「ノ」と表記しています。読みについては、原則として三省堂発行の『日本山名事典』によっていますが、表記同様地元で慣習的に使われている呼称や登山者の間に広く定着している呼称を一部用いています。

＊標高について
掲載したピークは、原則として国土地理院の「電子ポータルサイト」の地形図に従っています。三角点、標高点のないピークについては、地形図から読み取れる標高を採用しています。ただし、場合によっては、慣習的に使われている標高や地元自治体等の測量による標高を採用しています。

宝満・三郡山系徹底踏査！

本書の使い方

本書は、宝満・三郡山系の山々と周縁に位置する大根地山、四王寺山を「安全に楽しく」歩くためのガイドブックです。

同山系の中核たる宝満山は、福岡県下で最も登山者が多いといわれます。しかし、だからといって難度が低いとは言えません。

実際、急峻な地形に加えて、数多くの滝や懸崖を擁し、登山道はあたかも迷宮のように入り組んでいます。とりわけ「裏宝満」とよばれるエリアは脇道が多く、ともすれば山慣れた人でさえ戸惑い、道迷いしそうなほどです。

したがって、本書はその点を特に意識し、宝満・三郡山系の山々を道迷いすることなく、安全に歩いてもらうことを願って作りました。分岐や危険箇所はもとより、標高差や傾斜の緩急、ランドマークなどを含めて、できる限り分かりやすく解説しています。

●地図について

地図は、国土地理院の2万5000分の1地形図を使用し、赤の実線、緑の破線、および最低限必要と思われるランドマークを記載しています。一部、全容や詳細を示すために2万5000分の1地形図を縮小・拡大して使用しています。

ルートについては、現地へ足を運び、実際に歩いたGPSデータを基に描いていますが、GPSの精度的誤差、および地図作成上の物理的な制約のため、現地の登山道を正確に表現しているわけではありません。大まかな目安と考え、実際の山行では必ず地図とコンパス、あるいはGPSアプリを使用してください。

なお、近年は台風や集中豪雨などの災害によって登山道が消失したり、林道が崩壊したりするケースがたびたび起きています。通行できない場合は、無理をせずに撤退しましょう。

●難度について

各ルートナンバーの下に☆印の数で当該ルートの難度を表示しています。評価は以下の通りです。

☆…特に危険箇所はなく、登山道は比較的明瞭。歩行距離も長くない。小学校高学年程度の子ども連れでも歩ける。

☆☆…クサリ・ロープ場はあるが、特に危険箇所はない。ルートによっては歩行距離が長いこともある。

☆☆☆…登山道の不明瞭な部分が多々あり、歩行距離も長い。危険箇所もあり、経験、技量、体力が必要。

評価は実際に歩いた際の主観によるものですから、経験や技量によって感じ方は異なります。目安として利用してください。

●参考タイムについて

同じルートでも経験、知識、技量、体力、あるいは歩き方のスタイルが異なれば、当然タイムは変わります。季節によっても差があります。したがって、参考程度に留めてください。休憩時間は含みません。

マップコードを使って登山口へ！

＊山行データに掲載している「MAPCODE（マップコード）」をカーナビに入力すれば、目的地設定が簡単です。

《入力例》

❶「メニュー」
↓
「目的地」
↓
「マップコード」を選ぶ。

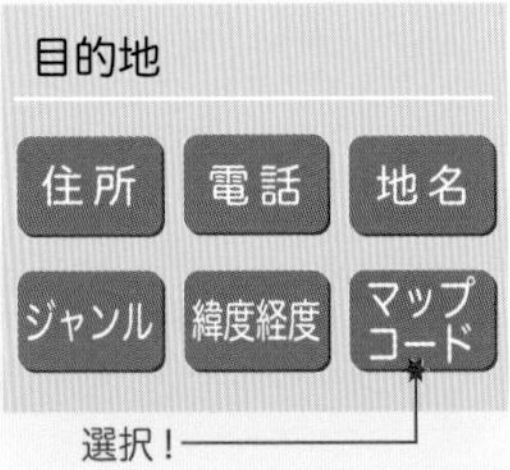

❷入力画面にてマップコードの数字と記号を順番に入力する。スペースは無視してOK。
入力後、「検索」を選ぶと画面に目的地が示される→案内開始。

・マップコードによる目的地設定はカーナビの機種によって異なります。詳細につきましては、取扱説明書をご覧ください。
・マップコードに対応していないカーナビもあります。また、対応していても、高精度マップコード（＊以下の数字）に対応していないことがあります。
・マップコードで目的地を設定しても、実際の位置とは誤差が生じる場合があります。

＊「マップコード」および「MAPCODE」は（株）デンソーの登録商標です。

地図凡例

―― ＝当該ルート
……… ＝その他のルート
● ＝ルートの基点
水 ＝水場
3 ＝国道
52 ＝県道

[宝満・三郡山系] 主要ピーク位置図

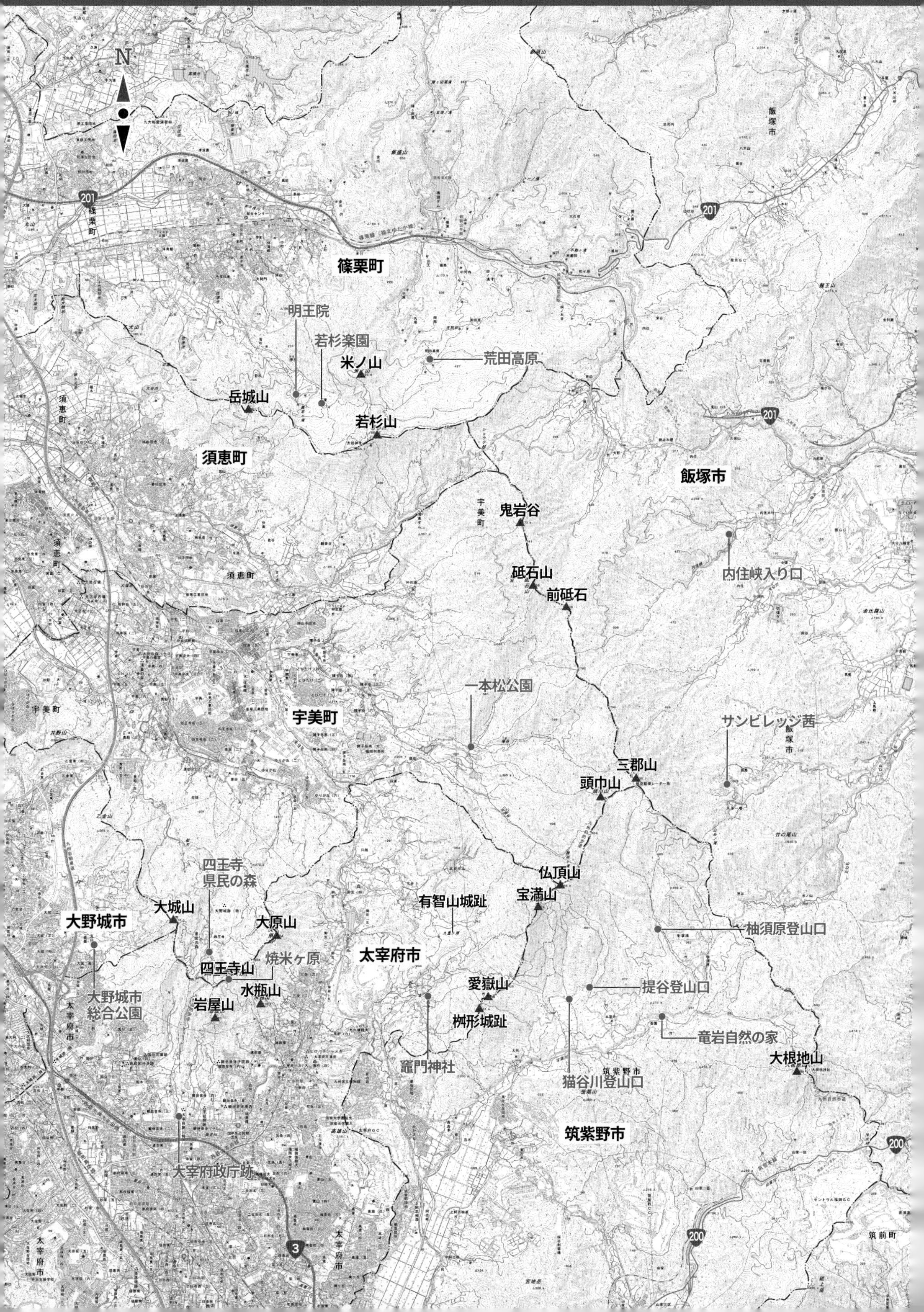

風土の深層に隠れた原風景

私だけの「秘境」と「楽園」を探して

　数々の発見を誘発し、知的な想像力を刺激してやまぬ場所。それがここで言う「秘境」である。

　また、特に際立つ特徴はないものの、眺めているうちにふと心が安らいだり、なにかのおりにふと思い出したりする光景を「楽園」と名づけよう。

　周囲の気配に視線を配りつつ歩くとき、宝満・三郡山系にはそんな場所が幾つもあることに気づかされる。

秘境感たっぷりの無名の滝を見る。この山系には、こんな場所が幾つもある。だから、何度も足を運ぶ。

剣窟の岩上から望む宝満山の頂稜部。今更ながら圧巻の懸崖であることに気づかされる。

枝を広げたブナの大木。八方ブナと名づけよう。ブナを見るとなぜか優しい気持ちになる。

木洩れ陽の羅漢道。ここを歩くと、いつも異界へ足を踏み入れたような錯覚にとらわれる。

苔の道をゆく。光の向こうには
なにがあるんだろう。心をとき
めかせながら一歩、一歩前へ。

光が射し込む稜線の縦走路では
さまざまな花と出会う。上を見
て、下を見て、足取りは軽い。

普段はほとんど気づかないけれ
ど、この山系にはエゴノキも多
い。落ち葉の道を落花が彩る。

5月の縦走路を彩るコバノミツバツツジ。赤紫の花と新緑のコントラストは絶品だ。

花との出会いに心ときめく

❶ツクシシャクナゲのつぼみ。数はそう多くないが、標高のあるヤセ尾根や岩場で見る。❷若杉山の谷間に咲くアブラギリ。北部九州では貴重な花である。❸セリバオウレン。早春の四王寺山といえばこの花。❹透明感のある青紫が魅力のツクシタツナミソウ。❺オキナグサ。絶滅危惧種で宝満・三郡山系では珍しい。❻５月ごろ、登山道脇のあちらこちらで見かけるギンリョウソウ。

01
★
周回

竈門神社から桝形城趾〜愛嶽山／愛嶽道

宝満山人気の陰に隠れて、異質な空気を漂わせる神の山へ！

急な石段を登った所が愛嶽山の山頂だ。歴史と篤い信仰心を感じさせる石祠がおわす。どこか異質な空気が漂っている。

宝満山にはおなじみのフレーズがある。「福岡県下で最も登山者の多い山」というのがそれだ。実際、悪天候の日を除けば、休日平日を問わず、あるいは老若男女を問わず、大勢の登山者で賑わっている。その陰に隠れ、忘れられたようにひっそりたたずんでいるのが愛嶽《おだけ》山である。

地形的には、宝満山山頂から南へ走る稜線は、鳥追峠で南西へ向きを変え、寄り添うように並ぶ三つのピークへ続く。そのうちの真ん中の山が愛嶽山で、南のピークを桝形《ますがた》城趾と呼ぶ。

もしあなたが宝満・三郡山系をきわめようと思うならば、一度は登っておきたい山である。

スタート地点は宝満山登山の拠点、竈門《かまど》神社。もともとは縁結びの神様として、近年はアニメ「鬼滅《きめつ》の刃《やいば》」の聖地として人気が高く、観光客の姿が絶えない。まずは、登山者用の第二駐車場（駐車料４００円）から境内に歩を進め、参拝を済ませよう。

　愛嶽山への取りつき点は拝殿の右手にある。愛敬《あいけい》ノ岩の前を通り、舗装路を左へ登る。間もなく未舗装林道に変わり、左手に溜め池を見る。道なりに東進すると山道に変わり、すぐに右から作業道を合わせる。

福岡県の人気観光スポットの一つ、竈門神社。愛嶽山への道は右手に回り込む。

愛敬ノ岩の前を通ると簡易舗装路にぶつかる。これを左へ登る。

九電の送電鉄塔巡視路分岐から左へ。やや急な上りだが、ステップが切ってある。

　左を取り、背の高いスギ林の中を左へ大きくカーブして右手下に谷を見ながら登る。周囲のスギ林は間伐が施され、比較的明るいものの、殺風景であることに変わりはない。足下はシダやフユイチゴが目立つ程度である。

　その先で九電の送電鉄塔巡視路の標柱が立つ分岐に出合う。ここは左の「福岡線27号」を取り、ステップを登る。やや急だが、距離は短い。あとは稜線に出るまで道なりでよい。左手に送電鉄塔を見た先で尾根に踏み換えると、溝状にえぐれた道となる。

　それを抜けて谷へ入り、南東へカーブする。浅い谷間を詰め上げると、左手にマメヅタにびっしり覆われた岩を見る。これもランドマークの一つとしよう。その先から道脇にシャガがぼつぼつ現れ、やがて稜線に合流する。愛嶽山は左だが、先に桝形城趾を目指す。

　緩やかに鞍部へ下ると、幅員の広い作業道に出合う。右を取って数分登った地点が桝形城趾のたもとである。頂へ続く明確な道はないものの、木々は疎《まば》らでどこでも歩ける。

　登りきった平坦な広場が戦国時代後期の城の跡だ。

マメヅタに覆われた岩の前を通りすぎる。冬でも青々としており、ランドマークになる。

桝形城趾には三等三角点がある。点名は「愛岳山」。平坦地に出て裏手へ回る。

稜線にぶつかって右へ下ると、前方に作業道ふうの道が見えてくる。これも右へ。

愛嶽山山頂の石祠の前には、境内と思しき広場へ続く急な石段が延びている。足がすくむほどの高度感がある。

愛嶽山山頂。古墳の石室を思わせる囲いの中に牛馬の神様を祀る石祠がひっそりとおわす。

鳥追峠から内山林道に向かってガレ石の多い愛嶽道を下る。足を捻らないよう気をつけて下ろう。

425ピークの左側を巻いて下ると、前方に鳥追峠が見えてくる。左手が間伐され、明るい。

内山林道合流点。奥に見えるのは6台ぶんほどの駐車スペース。朝、出遅れると大方満車である。

宝満城を築いた高橋鑑種《あきたね》が岩屋城とともに端城とし、兵糧を蓄えたと伝えられる。だが、往時を偲ぶ遺構は見当たらず、ただ風が吹き抜けるばかりである。

作業道出合いに戻り、左を取る（直進しても構わないが、その場合は愛嶽山北側の鞍部に出る）。鬱蒼とした木立の中、稜線合流点を経てわずかで左手上に石祠を見る。そこが愛嶽山の山頂だ。祠の前には長くて急な石段が下部の境内と思しき広場へ続いている。

資料によると、祀られているのは牛にまたがった姿の軻遇突智命《かぐつちのみこと》。牛馬の神様だそうである。また、左に飯綱《いづな》権現、右には修験道の祖とされる役小角《えんのおづぬ》像が置かれ、周りには背筋がぞくぞくするような一種異質な空気が漂っている感がある。

石祠からは長い石段を下ってもいいが、右手の巻き道を下るほうが安全だ。境内に下り立ち、錆びて崩れそうになった赤い鳥居をくぐり、もう一度立派な石の鳥居をくぐる。その扁額には「飯綱大権現」とある。

ちなみに、赤い鳥居はある時代に稲荷神と結びついたといわれる飯綱権現と関係が深いのだろう。そして、この寂れた赤い鳥居が異質な空気の源かもしれない。

さて、この先はシャガが茂る道を分けて鳥追峠へ下る。４２５標高点ピークを左に巻けば、前方にスギが間伐されて明るくなった鳥追峠が見えてくる。

峠でひと息入れたあと、左を取って愛嶽道を下る。足下には拳大のガレ石が多く、いささか歩きにくい。これといったランドマークもないスギ林の中をひたすら下ると、車止めゲートを経て舗装された内山林道に飛び出す。

左折して林道を下ること約20分、右手に山の図書館が見えてくれば、竈門神社はすぐそこである。

山行アドバイス

①登山道はよく踏まれ、概ね明瞭である。桝形城趾への上りに明確な踏み跡はないが、どこを歩いても平らな頂に行ける。その裏手に三等三角点（愛岳山）がひっそりとある。

②鳥追峠は、四方から幾つもの道を集める重要な分岐点である。初めての場合は必ず道標を確認して竈門神社へ下ること。

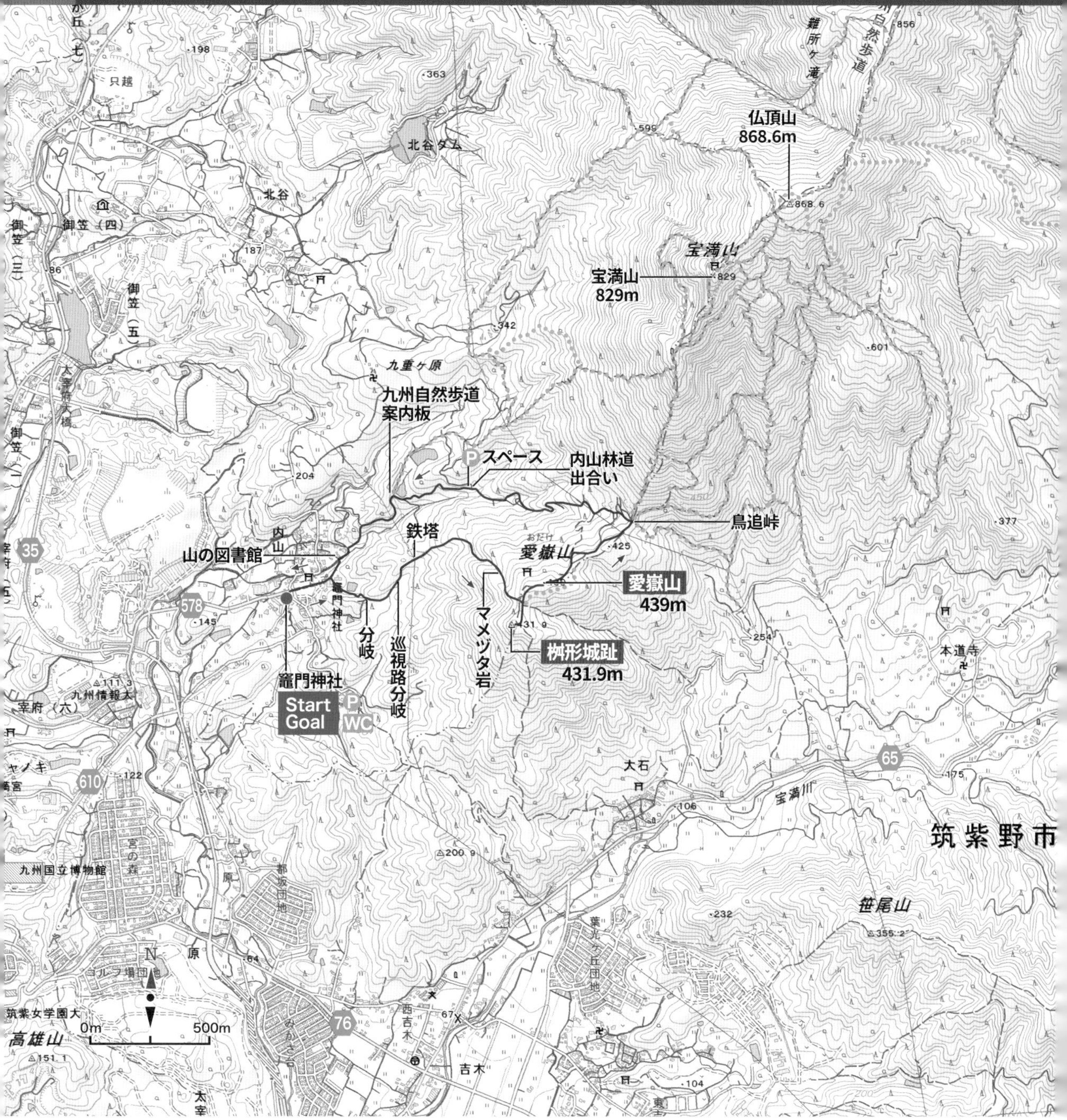

山行データ		
	標高	桝形城趾＝431.9m 愛嶽山＝439m
	単純標高差	約 290m
	歩行時間の目安	約 2 時間
	緯度経度 （スタート地点）	33 度 31 分 41.81 秒 130 度 33 分 0.99 秒
	MAPCODE®	55 396 009*66

■参考タイム

竈門神社〜 15 分〜巡視路分岐〜 25 分〜マメヅタ岩〜 5 分〜稜線合流点〜5 分〜桝形城趾〜 10 分〜愛嶽山〜 10 分〜鳥追峠〜 25 分〜内山林道出合い〜 25 分〜竈門神社（往路＝1 時間／復路＝1 時間）

■関係市町村

太宰府市観光推進課＝092（921）2121（代表）
筑紫野市環境経済部商工観光課＝092（923）1111（代表）

02
★★★
周回

竈門神社から宝満山／正面道・羅漢道・男道

修験の歴史の深淵を垣間見る王道ルートの知られざる素顔

正面道は石の道だ。長く続く石段の中でも、百段ガンギが最も手強い。朝の光を浴びて、一段一段登ってゆく登山者を写す。

福岡県で最も登山者が多い山は？　この問いに多くの人は「宝満山」と答えるだろう。とりわけ竈門《かまど》神社から取りつく正面道は宝満山の王道ルート。平日でもたくさんの登山者が歩いている。道標も多く、初めてでも迷う心配はないほど整備されている。

　とはいえ、宝満山は古くから英彦山と並ぶ修験道の行場として栄えた山。一本調子で続く石段の上りはかなり手強い。有名であるがゆえに、初登山に宝満山を選び、疲れて途中で座り込むビギナーの姿をよく見かける。本当は十分な準備をしてから挑戦してもらいたいルートなのだ。

　そんな正面道沿いには宝満山の歴史を物語る史跡が随所に残っている。ここでは、宝満山の歴史ロマンに触れながら周回するルート案内しよう。

　まずは竈門神社に参拝してスタート。本殿前から左手に進み、内山林道に出たら右へ。山の図書館（登山関連の蔵書はなんと8500冊を超える）をすぎた先の鳥居から登山道に入る。

　その先に流れる清流は、かつて山伏が入山する前に

竈門神社の登山者用駐車場。参拝者用駐車場から一段下がった所にある。

縁結びの神様として知られる竈門神社。宝満山登山の一大拠点である。

山の図書館の先から山道に入り、汐井川のせせらぎの音を聞きながら進む。

九州自然歩道の案内板が立つ三差路は、左を取って未舗装林道に入る。

再び内山林道と交わる四差路。林道を横断して狭い階段の道へ入る。この先、一ノ鳥居の下まで内山林道に出ることはない。

身を清めたという汐井川。清流の音を聞きながら5分ほど進むと、内山林道に出合う。林道を挟んだ先に登山道は続いているが、ここは右を取り、林道を進んだほうが歩きやすい。

　ほどなく九州自然歩道の大きな案内板のある三差路に出合い、左の未舗装林道へ。10分ほど歩くと再び内山林道に出るが、ここは横断して正面に続く登山道を進もう。10分ほどで内山林

三合目の休堂跡には水場がある。以前は「徳弘ノ井」と書かれた道標があったと記憶しているが、確定的な事実ではないためか、今はない。

五合目の目印、殺生禁断の碑。

一ノ鳥居をくぐり、三合目の休堂跡を目指して石段を登る。まだ先は長い。息が上がらないよう自分なりのペースで歩き、呼吸が乱れる前に立ち止まって深呼吸。それが楽に登るコツである。

道終点に到着する。3〜4台分の駐車スペースがあるが、満車の場合が多い。距離は長いけれど、竈門神社から歩くほうが確実だ。

林道終点から見上げると、先に見える石段の長さに驚くだろう。ここから中宮跡まで続く石段はかつての参道跡。積み上げられた膨大な石の量にあらためて修験道の山の凄みを実感させられる。

石段をたどると、まず見えてくるのが一ノ鳥居。1679年（延宝7年）、宝満山修験道の復興に尽力した平石坊弘有が勧進し、建立したものだ。

その先、「宝満山まで1・5キロ」の道標から「羊腸《ようちょう》の道」と呼ばれる九十九《つづら》折の道が始まる。長い階段に息が上がりそうになるが、宝満山を登るコツは、きついと思ったら無理せず休むこと。数分でもよい。立ち止まって深呼吸すればずいぶん楽になる。

三合目、休堂跡は古代からの休憩場所。現代でもベンチのある貴重な水場として登山者の憩いの場となっている。

「宝満山まで1・1キロ」地点の薬箱は、故福山正憲氏により寄贈されたもの。傷薬、包帯、タオルなど応急手当てに必要なものがひと通り入っている。

五合目の目印は、聖域の境界を示す「殺生禁断」の碑。山全体が霊山であった宝満山では、鳥獣や虫の捕殺を禁じていたことがうかがえる。

六合目、吉田屋敷跡は、宝満二十五坊のうち、最後まで山に留まった浄行坊《じょうぎょう》の跡地。ここをすぎると、いよいよ正面道最大の難所ともいわれる百段ガンギが現れる。ガンギとは、階段状の構造物のこと。見上げるほど続く階段に心くじける登山者も少なくない。道標付近から数え始めると実際に百段ある。数えながら登ると気が紛れる。

百段ガンギを登りきった場所が七合目。閼伽《あか》ノ井と

七合目の岩窟ホテル跡。朽ち果て、苔むした遺構が長い時間をかけて静かに森と同化してゆく。

中宮跡。かつての修行の中心地も今は竈門山碑が往時の面影をわずかに残すのみ。

左の苔むした石段が羅漢道の取りつき点。ここから修験の歴史を刻む異界への道が始まる。

羅漢道には神秘的な空気が漂っている。小さな秘境と呼んでもいいと思う。そこかしこにおわす古びた石仏に祈りを捧げつつ歩く。

岩窟ホテル跡がある広場に出る。広場の奥にたたずむ石造りの構造物は１９４０年に当時の松屋百貨店が建設した「岩窟ホテル」の跡。結局、開業には至らず、苔むした遺構だけが残る。

閼伽ノ井は祭祀で神仏にお供えする浄水を汲んでいた井戸。経を唱え、閼伽香水を供えると霊験たちどころに顕れたと伝えられる。

七合目から約15分。芭蕉句碑の先の広場が中宮跡。修験道が盛んだった江戸時代には大講堂や神楽殿、鐘撞堂などが立ち並び、信仰の中心だった場所だ。今では大正時代に建てられた竈門山碑が往時を偲ばせるのみである。

さて、中宮跡から山頂へ向かう道は、男道、女道、羅漢道の三つがある。初めて登る場合は男道が分かりやすいが、羅漢道を経由して復路に男道を使う周回ルートを歩いてみよう。

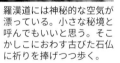

男道・女道分岐を左の男道方向へ進むこと数分、左手に登る苔むした短い階段が羅漢道の取りつき点だ。ここから様子が一変する。登山道は落ち葉に隠れて不明瞭になり、目印も少ない。倒木の処理もされておらず、戸惑う場面も多い。取りつきから遠望ノ岩まで約１００メートル標高を下げたあと、一気に山頂まで登り返すため、体力も余計に必要になる。初心者だけで歩くのは避けたほうがよい。

羅漢道には、筑前の名刀工、金剛兵衛が修行したと伝わる金剛兵衛窟や最澄が修行したと伝わる伝教大師窟、式部稲荷大明神や天ノ岩戸、遠望ノ岩など見所いっぱい。登山道沿いにおわ

宝満山山頂のシンボル、礼拝岩。「肇祉」の文字が刻まれている。

天ノ岩戸は岩が挟まったチョックストーンである。ここは岩の隙間ではなく、左に巻いて進む。

遠望ノ岩から宝満山の頂稜部を望む。まさに岩の要塞の感ありの眺めだ。

す羅漢像は、廃仏毀釈《はいぶつきしゃく》によって損壊された首のないものが多い。鬱蒼と茂る森の中を進む道は正面道より深く、修験道の名残を色濃く留める、まさしく宝満山の深部をたどる道と言っても過言ではないだろう。

　ただし、道迷いが多く、慎重に歩く必要がある。特に天ノ岩戸は要注意。狭い岩の間をそのまま直進しそうになるが、手前を左に曲がるのが正解だ。遠望ノ岩から標高差150メートルを登り返せば、山頂直下の稚児落としに出る。

　ここは「十六詣り」という成人の儀式が行われていた場所。子どもから大人に生まれ変わる場所として稚児落としの名がついた。

　その先は、最後の岩場を登って山頂へ。山頂にある大注連縄《しめなわ》が巻かれた「礼拝岩」は、神様が降り立つ神聖な場所。岩の上には立たないようにしよう。岩に刻まれた「肇祉《ちょうし》」の文字は「幸せを開き始める」という意味である。

　復路は男道を下る。馬蹄石、袖すり岩をすぎ、九合目の道標の手前をよく見ると、右手に脇道があることに気づくだろう。その先に博多聖福寺の仙厓《せんがい》和尚の書「仙竈」と刻まれた竈門岩がある。宝満山の古名「竈門山」の由来になったともいわれる岩。ぜひ立ち寄ろう。竈門岩分岐から益影ノ井、八合目をすぎれば15分ほどで中宮跡に出る。あとは往路を戻って竈門神社へ下るだけである。

復路は山頂から男道へ。途中にある縁結びのスポット、袖すり岩。

山行アドバイス

①竈門神社参道直下の駐車場は参拝者専用。登山者は第二駐車場を利用のこと。係員不在時の駐車料金は、料金箱に入れるか、下山してから払おう。

②ビギナーは、往路・復路ともに男道か、もしくは女道を歩こう。羅漢道は、経験豊富な人向きのルートである。ビギナーは必ず経験者と歩くこと。山慣れた人であっても、できれば複数人で歩きたい。

竈門神社から宝満山／正面道・羅漢道・男道　［周回］

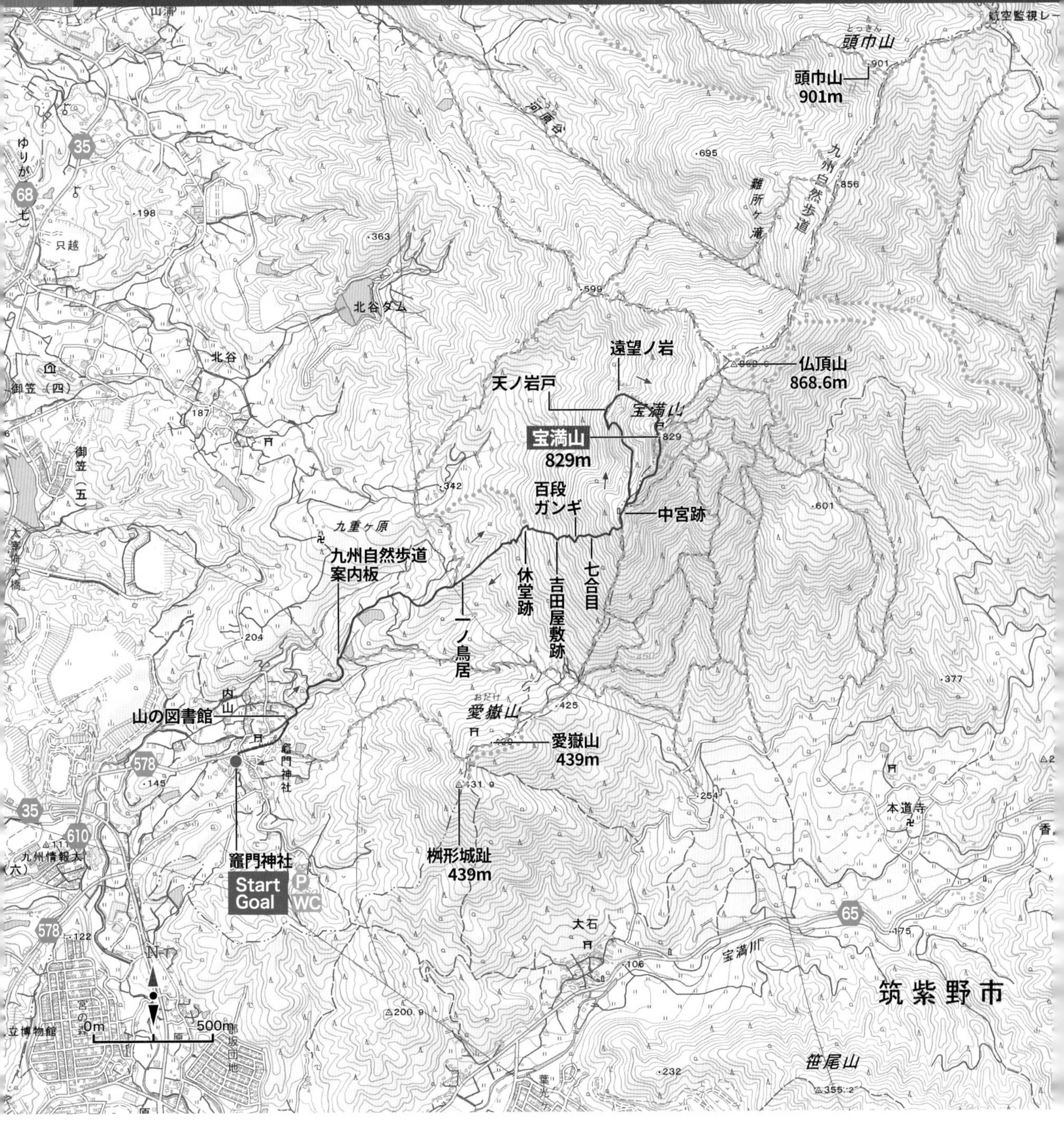

山行データ		
	標高	宝満山＝829m
	単純標高差	約 680m
	歩行時間の目安	約 5 時間 10 分
	緯度経度 （スタート地点）	33 度 31 分 41.81 秒 130 度 33 分 0.99 秒
	MAPCODE®	55 396 009*66

■参考タイム

竈門神社〜 50 分〜一ノ鳥居〜 30 分〜休堂跡（三合目）〜 30 分〜七合目（岩窟ホテル跡）〜 15 分〜中宮跡〜 40 分〜遠望ノ岩〜 40 分〜宝満山〜 20 分〜中宮跡〜 10 分〜七合目〜 20 分〜休堂跡〜 20 分〜一ノ鳥居〜 35 分〜竈門神社（往路＝3 時間 25 分／復路＝1 時間 45 分）

■関係市町村

太宰府市観光推進課＝092（921）2121（代表）
太宰府市観光協会＝092（925）1899

「本当の男道」をご存じか。それは岩を越えて登るアドベンチャールートである。

03 ★★ 周回

竈門神社から宝満山／愛嶽道・行者道・男道・女道・正面道

趣の異なる五つの道を組み合わせて8の字で周回する！

山登りの楽しみの一つにルート設定がある。その点、宝満山ほど多彩な組み合わせが可能な山も珍しい。その例として、竈門《かまど》神社を基点に愛嶽《おだけ》道、行者道、女道、男道、正面道という五つの道を使った8の字周回ルートを紹介しよう。

まずは竈門神社から汐井川脇の山道を登り、内山林道に出て右へ。次の九州自然歩道の案内板が立つ三差路も右を取る。左の未舗装林道は正面道への近道。下山はこちらから下りてくる。

内山林道を5分ほど歩くと、林道三差路に出合う。チェーンゲートのある右手の道が愛嶽道。その手前左に6台ほど駐車できるスペースがあり、ここからスタートすれば歩行距離は短くなるが、満車の場合が多い。

愛嶽道は古い林道跡。ガレ石の多い荒れた道だが、歩くぶんに支障はない。30分ほど植林帯を緩やかに登れば鳥追峠に到着だ。宝満山と南の愛嶽山の鞍部にあたる変則五差路で、行者道、かもしか新・旧道、大谷尾根道、猫谷川新道など、宝満山の名だたる道にアプローチする際の要となるポイントである。

ベンチでひと息入れて、地図とコンパスやGPSアプリで進行方向をしっかり確認しよう。北に延びる踏み跡が行者道で、尾根をたどって中宮跡まで標高差約300メートルを稼ぐ。

ルートが明瞭な正面道とは異なり、ランドマークは少なく、踏み跡が不明瞭な所もある。ビギナーだけの入山は避けたほうがよい。

とはいえ、急傾斜地点にはトラロープなどが整備されており、山慣れしていればさして問題なかろう。

取りついて順調に標高を上げ、右にかもしか新道に通じる間道を見たあと、標高600メートル付近で尾根から外れ、北西方向にトラバースする踏み跡に出合う。ここは、尾根を登る右手の道が正解だ。

その後も急傾斜のきつい上りが続くが、二枚の巨大な反射板が見えてくれば、標高700メートル辺り。中宮跡までもうひと息である。やがて左手の樹間に正面道が見えるようになり、芭蕉句碑の裏を抜けた先で中宮跡の広場に出る。

ここから山頂へ向かうルートは、一般に女道、男道、羅漢道の三本が知られてい

竈門神社の登山者用駐車場から境内へ。二本のクスの大木が出迎えてくれる。

内山林道のヘアピンカーブ地点が愛嶽道入り口だ。この手前に駐車スペースがある。

標高を上げるにつれて険しくなる行者道。急登地点にはロープが張られている。

標高 700 メートル付近で反射板を見る。ここまでくれば中宮跡は近い。

ベンチのある鳥追峠。ひと息入れて進路を確認しよう。左手が行者道である。

標高 600 メートル付近。北西へ続く踏み跡にある道標を斜面から見る。

正面道の憩いの場の一つ、中宮跡。ここでひと息入れて山頂を目指す人が多い。

宝満山山頂。奥は礼拝岩、手前は山座同定盤。展望は抜群で、腰を下ろす場所にも事欠かない。

キャンプセンターから水場を抜けて女道へ。

あまり知られていない「本当の男道」は、八合目で左手にある石段に取りつく。写真は杖捨。このあとも岩場が続く。

る。だが、もう一本ある。その知られざる「本当の男道」を紹介しよう。実際には「旧男道」という位置づけだが、「本当の」と表現したくなる道だ。女道分岐、羅漢道分岐をすぎた八合目、男道から左手に登る石段が取りつき点である。

石段の上には高さ5メートルほどの岩場が待っている。かつては「杖捨《つえすて》」と呼ばれ、杖を捨ててクサリでよじ登っていた場所とのこと。今はロープが設置してあるが、それでも少し技術がいる岩場である。

登るのが難しい場合は、左へ進むと迂回路がある。杖捨のあと、数ヵ所の岩場越えてゆくと、竈門岩に出る。三つの岩が鼎立《ていりつ》する竈門岩の間を抜け、その先の小径を進むと男道の九合目に合流する。

「袖すり合うも他生の縁」という諺から縁結びの名所とされる「袖すり岩」、玉《たま》依姫《よりひめ》伝説が残る馬蹄石をすぎれば、山頂はもうすぐそこだ。最後の急な階段を登り切れば、竈門神社上宮の鎮座する山頂である。

復路はキャンプセンターを経由して女道を下ろう。キャンプセンターに着いたら、山小屋のほうへ進まず、右手へ向かうと角に「竈門神社」の道標を見る。それを下って水場の前を通れば、女道である。

岩場を抜ける男道とは異なり、女道はのんびり歩ける水平道。男道が通る尾根の東側を巻くようについている。道中には、再会ノ木や愛敬《あいけい》ノ岩といった縁結びスポットがある。また、少し脇道に入らないといけないが、宝満七窟に数えられる法城窟、福城窟など見所も多数ある。

キャンプセンターから20分ほどで中宮跡に着き、あとは正面道を道なりに下れば竈門神社である。

山行アドバイス

①愛嶽道入り口の駐車スペースが満車の場合は、その手前にある鳥飼有料駐車場（400円）を利用する手もある。料金箱に駐車料と車のナンバーを書いて投函するシステム。ナンバーを書く紙とボールペンもそばに置かれている。

②行者道は、正面道と違って登山者が少ない。道標も整備されていないため、ビギナーだけで入山しないこと。地図とコンパス、GPSアプリは必携である。

03 竈門神社から宝満山／愛嶽道・行者道・男道・女道・正面道 ［周回］

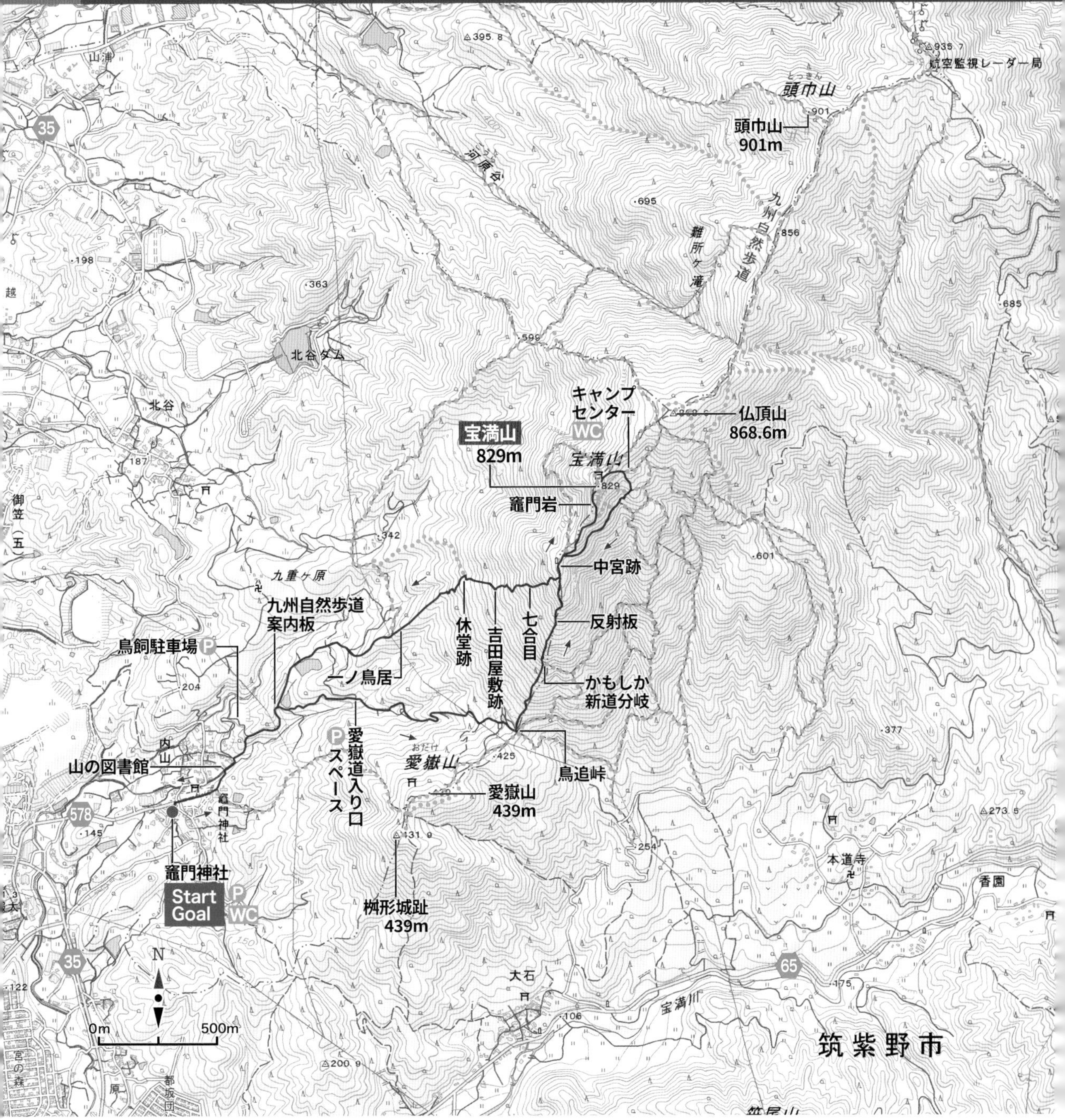

山行データ		
	標高	宝満山＝829m
	単純標高差	約 680m
	歩行時間の目安	約 4 時間 40 分
	緯度経度（スタート地点）	33 度 31 分 41.81 秒 130 度 33 分 0.99 秒
	MAPCODE®	55 396 009*66

■参考タイム

竈門神社～ 30 分～愛嶽道入り口～ 30 分～鳥追峠～ 25 分～かもしか新道（間道）分岐～ 35 分～反射板～ 20 分～中宮跡～ 25 分～宝満山～ 10 分～キャンプセンター～ 20 分～中宮跡～ 10 分～七合目～ 20 分～休堂跡～ 20 分～一ノ鳥居～ 35 分～竈門神社（往路＝2 時間 45 分／復路＝1 時間 55 分）

■関係市町村

太宰府市観光推進課＝092（921）2121（代表）
太宰府市観光協会＝092（925）1899

04
★★★
周回

竈門神社から宝満山／かもしか新道・かもしか旧道

鳥追峠経由で周回し、裏宝満の深部を渉覧する！

竈門《かまど》神社を中心とする太宰府市側を宝満山登山の表玄関とすることに異論は少ないだろう。それに対して筑紫野市側を裏とする。これらのいわゆる「裏宝満」と呼ばれるエリアを通る各登山道は、正面道ほど整備されていないが、陰翳《いんえい》に富み、バリエーションルートも多く、根強い人気を誇っている。

ただし、アプローチが分かりにくい、駐車スペースが狭い、トイレがないといった難点もある。それを解決するのが鳥追峠の存在だ。いにしえから筑紫野と太宰府をつなぐ交通の要所であったこの峠は、今では裏宝満エリアへのもう一つの入り口として機能している。

ここでは、鳥追峠から分かれるかもしか新道・旧道をメインに裏宝満エリアの深部をめぐる周回ルートを案内しよう。

竈門神社駐車場から内山林道をたどり、愛嶽《おだけ》道を経由して鳥追峠まで所用約60分。歩行時間を短縮したい場合は、鳥飼駐車場や愛嶽道入り口の駐車スペースを利用する手もある。

数本の道を合わせる鳥追峠に出ると、道標や黄色いプレートが各登山道を示している。この先、かもしか新道を経て裏宝満エリアに入るが、分岐は多く、道標は少ない。加えて、登山者にも滅多に出会わない。地図とコンパス、ＧＰＳアプリなど装備は万全に。

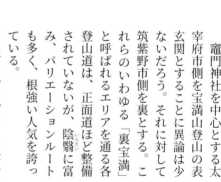

５分ほど歩くと、かもしか新道と旧道の分岐に出合う。かもしか新道は、１９５６年に福岡かもしか登高会によって拓かれた道。のっけから急登となり、道標に「子供きけん」と書いてあるほど手強い。切れ落ちた斜面のトラバースや浮石の多い急斜面など変化に富んだ道が続く。

子ども連れの入山はもちろん、ビギナーだけで歩くことも絶対に避けたい。整備が行き届いた正面道とは大きく様相を異にすること

鳥追峠へ続く愛嶽道は古い作業道でガレ石が多く、歩きやすいとは言えない。

宝満山登山の表玄関、竈門神社。駐車場、トイレ完備で不安なく出発できる。

鳥追峠からすぐでかもしか新道・旧道分岐に出合う。道標に「子供きけん」とある。

九州自然歩道の案内板が立つ三差路。愛嶽道入り口へ行くには右を取る。

内山林道のヘアピンカーブ地点。右手奥に愛嶽道の取りつき点がある。

鳥追峠。宝満山登山の重要ポイントであり、裏宝満へのもう一つの入り口でもある。かもしか道へ入ってゆく登山者を写す。左は行者道。

を肝に銘じておこう。

急登のあと、行者道分岐を左に見送ってから15分ほどで、やや平坦になった標高530メートル付近に宝満山修験道の秘所として伝わる七窟の一つ、大南窟への分岐がある。位置は、登山道から離れて20メートルほど急斜面を下った先だ。訪ねるのは時間に余裕があるときにしよう。

大南窟分岐をすぎると、すぐ右手にロープが張られた下降点がある。ここは二つの意味で要注意。一つは急傾斜を約20メートル下ること。もう一つは、見逃すと厄介なことだ。直進方向に薄い踏み跡がついており、それに釣られると切れ落ちた断崖絶壁へ続く。必ず右へロープで下降すると覚えておこう。

下り立ったあとも急なアップダウンが待ち受けてい

大南窟。かもしか新道の途中から急斜面を下った所にある。余裕があれば立ち寄ろう。

る。地形図から読み取るよりも激しい勾配の変化に驚くだろう。深山幽谷の雰囲気が漂う中、かもしか旧道につながる間道をすぎ、10分ほど先の徒渉点から一気に50メートルほど登った所が大谷尾根道との合流点である。ここまでくれば、ひと安心。この先、山頂まで歩きやすい道が続く。

　大谷尾根道を20分ほど進むと、右方向に不明瞭な踏み跡が延びる三差路に出合う。宝満山山頂を目指す場合は、道なりに左方向に進むのが正解だ。右を取ると、いくつかの分岐を経て山伏ノ墓、剣窟、金ノ水、さらには普池《ふち》ノ窟など裏宝満山の深部へ通じている。

　三差路を左に取って15分ほど進むと、「昔の道、楽な道」と書かれた古い道標のあるT字路にぶつかる。ここはどちらを取っても山頂に通じているが、左を取るほうが分かりやすく、分岐からものの数分で女道に合流する。

　女道合流点からキャンプセンターまでは10分ほど。しかしながら、この短い区間にも見所は多い。

　まずは大南窟と並んで五井七窟に数えられる法城窟。女道合流点からキャンプセンター方面へ石段を登ると、左手に目立たない道標が現れる。それに従って坊跡の

大南窟分岐をすぎるとロープの下降点がある。間違えて直進すると、切れ落ちた絶壁が待ち受けている。ここは本ルートのポイント。行動は慎重に。

谷間にある渡渉点。ここから50 メートルほど一気に高度を上げれば、大谷尾根道に出合う。

女道合流点。右を取って進むと、左手に法城窟分岐、右手に愛敬ノ岩分岐などを見る。登山道ははっきりしている。

大谷尾根にある分岐。ここは道なりに左へ進む。右手の道は剣窟や金ノ水など裏宝満の深部に続いている。

山頂へ続く岩のクサリ場を登る登山者。難しくはないが、慎重に登ろう。

登山者の憩いの場、キャンプセンター。トイレもある。休日前や休日には幾つものテントが並ぶことも珍しくない。

宝満山山頂。手前は山名同定盤。奥に注連縄が巻かれた礼拝岩と山頂標識。クサリ場は礼拝岩の向こう側にある。

平坦地に残る踏み跡をたどれば、やがてスギの倒木の奥に法城窟が現れる。

法城窟分岐からすぐ右手には愛敬《あいけい》ノ岩がある。少し離れた所から目をつぶって歩き、見事たどり着けば恋が叶うと伝わる恋愛成就の岩だ。

竈門神社境内にも同様の岩があるが、こちらが本家本元。ちなみに人の助けを借りずに岩までたどり着けば縁はすんなりまとまり、他人に「右、左」と助けてもらえば縁談も人助けが必要だという。

キャンプセンターに登る最後の階段の左手にあるのが再会ノ木だ。神功皇后が朝鮮出兵のおりにこの木を植え、凱旋後の再会を祈ったという。この木に向かって再会や良縁を願えば叶うと伝えられている。

そして、キャンプセンターが立つ場所は、元禄時代から明治維新まで宝満山山伏を治めていた「座主楞伽《ざすりょうが》院」があった場所である。

現在のログハウスの避難小屋は、1989年に完成したもの。宝満山山頂まで10分ほどと立地がよく、ここにテン泊して山頂からご来光を楽しむ登山者も多い。宝満山登山の憩いの場として長く大切にしてゆきたい場所である。

キャンプセンターからひと上りで稜線の縦走路に出合うと、山頂はもう目前。屹立する絶壁、稚児落としの手前から左へクサリ場を一気に登ると大展望の山頂に飛び出す。

ちなみに、クサリ場が苦手な場合は巻き道を利用しよう。稚児落としの下部を

かもしか旧道分岐に立つ道標。ここから右へ。

復路で出合う山伏ノ墓。裏宝満を象徴するかのような神秘的な気配と深い陰翳の中にたたずんでいる。

かもしか旧道は、新道に比べるとずいぶん歩きやすい。ただし、斜面のトラバースなど注意を要する場所もある。決して気を抜かないように。

修復されたかもしか旧道の崩壊箇所。

明瞭な踏み跡が続く大谷尾根は、安心して歩ける。右手奥に見える道標がかもしか旧道分岐である。

通過すると、羅漢道との分岐に出合う。その分岐を左に取り、短いハシゴを登れば山頂に出る。

　復路は往路を戻ってもよいが、回り道して裏宝満の深部に触れてみよう。

　いったんキャンプセンターまで戻って水場方向へ進み、すぐに出合う分岐を右へ下りる。短い斜面を下った先で、またすぐに左右に分かれる分岐があり、ここは左へ。右を取ると愛敬ノ岩に通じる。左を取って7〜8分ほど下って出合う三差路が、裏宝満へ入るポイントである。

　ここを左に取ると、数分で剣窟・釣舟岩がある。剣窟からさらに10分ほどで金ノ水。金ノ水から15分ほどで普池ノ窟に着く。時間の余裕と体力に合わせて足を延ばすといいだろう。下山はこの三差路を右へ。山伏ノ墓を右手に見送って20分ほど下ると、往路の大谷尾根道に合流する。

　そのまま大谷尾根道を下ってかもしか新道分岐を見送り、そこから10分ほど歩けばかもしか旧道分岐に出合う。

　かもしか旧道は細かなアップダウンはあるものの、おおむね平らな道が続く。一部切れ落ちた斜面をトラバースする所があるが、慎重に歩けば問題はない。鳥追峠に出れば、あとは往路を戻るだけである。

山行アドバイス

①かもしか新道は「子供きけん」の道標の通り難路が続く。また、急なアップダウンを繰り返しながら徐々に高度を上げていくため、単純標高差で判断するよりも体力が必要である。不安がある場合は、往路もかもしか旧道を利用しよう。

②2020年10月現在、愛嶽道入り口と鳥追峠に「かもしか旧道一部崩壊のため危険」という看板があるが、崩壊箇所の補修は終了している。

04 竈門神社から宝満山／かもしか新道・かもしか旧道 ［周回］

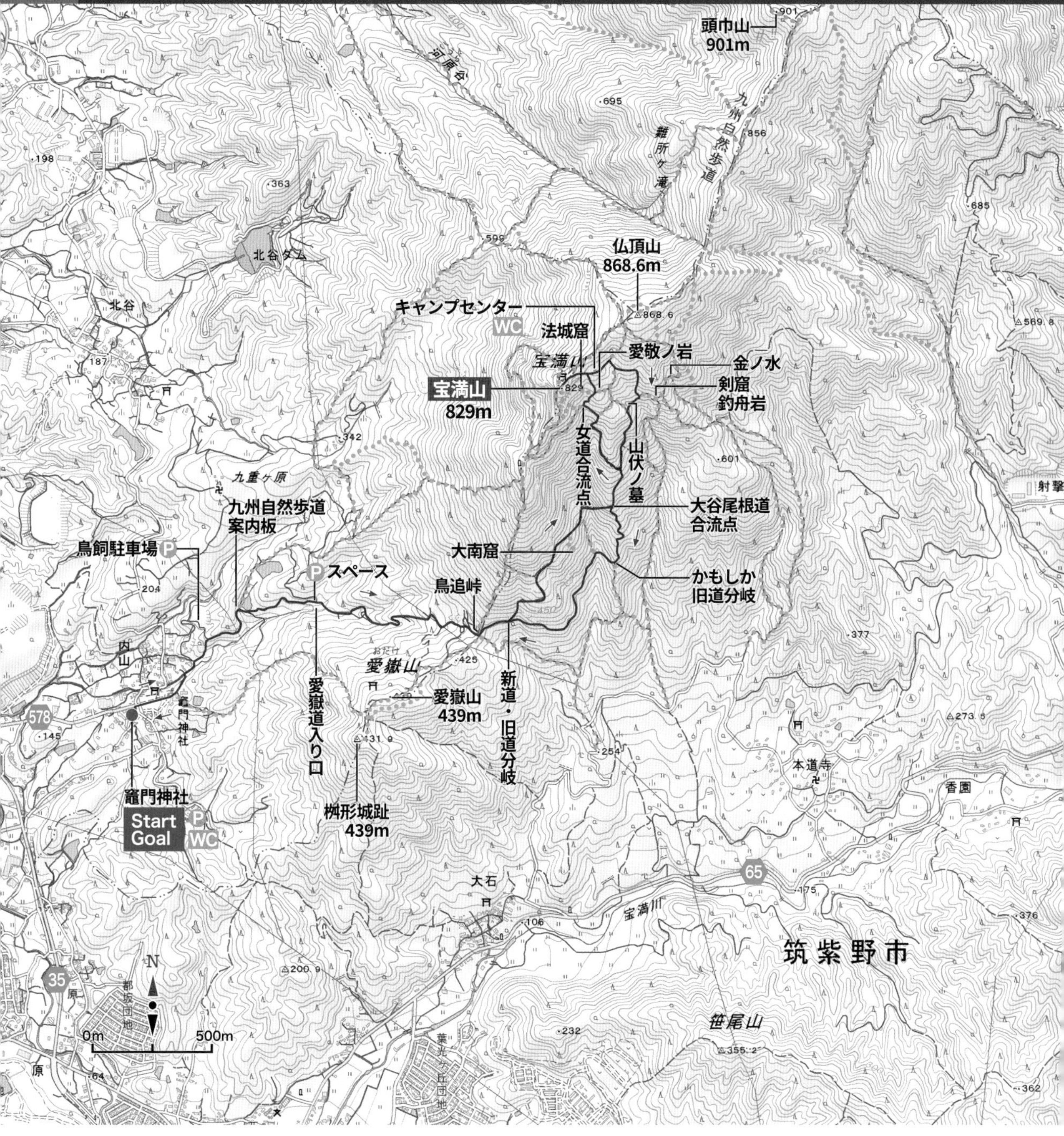

山行データ	標高	宝満山＝829m
	単純標高差	約 680m
	歩行時間の目安	約 5 時間 30 分
	緯度経度（スタート地点）	33 度 31 分 41.81 秒 130 度 33 分 0.99 秒
	MAPCODE®	55 396 009*66

■参考タイム

竈門神社～ 30 分～愛嶽道入り口～ 30 分～鳥追峠～ 5 分～かもしか新道・旧道分岐～ 40 分～大南窟分岐～ 30 分～大谷尾根道出合い～ 40 分～女道出合い～ 10 分～キャンプセンター～ 10 分～宝満山～ 10 分～キャンプセンター～ 15 分～山伏ノ墓～ 30 分～かもしか旧道分岐～ 35 分～鳥追峠～ 25 分～愛嶽道入り口～ 20 分～竈門神社（往路＝3 時間 15 分／復路＝2 時間 15 分）

■関係市町村

太宰府市観光推進課＝092（921）2121（代表）
太宰府市観光協会＝092（925）1899

05
★★
周回

鳥飼駐車場から仏頂山〜宝満山／うさぎ道・男道・正面道

静かな樹林の道をたどり、陰と陽の世界をつないで歩く！

仏頂山から西へ張り出した尾根は、５９９標高点で北西と南西に大きく分かれる。後者はゆるりと高度を下げながら内山集落の北にある九重ヶ原へ落ちる。この尾根をたどるのがうさぎ道だ。王道ルートとも言うべき正面道に比べると、歩く人は極端に少ない。

といって、登山道が荒れているわけでも、危険箇所があるわけでもない。むしろ、傾斜は正面道よりも緩やかである。単に正面道の人気の陰に隠れているだけ。

そんなうさぎ道を往路で使い、仏頂山〜宝満山と周回するルートを紹介しよう。静かな山登りが好きな人にはうってつけである。

スタート地点は、取りつきまでの距離を考えると、愛嶽《おだけ》道入り口の駐車スペースが好都合。だが、満車の場合も珍しくない。そこで、少し下った鳥飼駐車場とする。駐車料４００円を料金箱に入れ、内山林道を歩き始める。

九州自然歩道の案内板の立つ三差路で左折し、二つの池を右手に見ながら登ってゆくと、やがて内山林道に出合う。直進は一ノ鳥居に続く登山道。左を取って間もなく、左手に黄色の小さなプレートを見る。ここから山道が北へ延びている。

この道をたどって取りつき点を目指すが、途中に小沢を渡る地点が数ヵ所と分岐が二つある。最初は休堂跡分岐で左へ。次が送電鉄塔を見た先にある有智山《うちやま》城趾分岐。ここは右を取る。

そうすれば、ほどなくして舗装林道にある取りつき点に出る。ここまで多少入り組んではいるものの、道は明瞭で、要所には道標があるから安心だ。

また、取りつけてしまえば、これといったランドマークはない代わりに５９９標高点まで尾根の一本道で迷う所はない。明瞭な登山道は、溝状にえぐれていたり、ヤセ尾根だったりする。右手はヒノキの植林が続くが、左手は勢いのある照葉

鳥飼駐車場の敷地は広大だ。竈門神社が満車の際など覚えておくと、なにかと便利。

九州自然歩道の案内板を左折すると、再び内山林道に出る。正面は一ノ鳥居へ続く登山道。

内山林道から北に延びる山道に入る。黄色いプレートがうさぎ道を指している。

うさぎ道の取りつき点。道標が立っているから間違えることはない。

うさぎ道の歩き始めは、ヒノキ林の中。登山道は溝状にえぐれた所が多い。

うさぎ道は派手さこそないが、しっとり落ち着いた雰囲気。ときおり照葉樹林と光と影が織り成す小景を見る。

樹林に包まれた仏頂山山頂。古い石祠がこの山の歴史の深さを感じさせる。

仏頂山の三等三角点は、石祠の裏側にある。気づかずに素通りする人が多い。

稜線までもうひと息。うさぎ道は高度を上げるにつれて森の雰囲気がしっとりしてくる。もっと歩いてほしい道である。

ポイントとなる 599 標高点の直前。傾斜は緩み、足取りは軽くなる。標高点には宇美新道、河原谷を示す道標がある。登山道に落ちる木洩れ陽が美しい。

樹の森だ。その印象が強いせいか、植林帯の味気なさはほとんど感じない。

緩やかに高度を上げてゆき、標高約430メートル地点で右手に小さな白い道標を見る。その後も登山道はゆったりと続き、その先一気に50メートルほど登って599標高点に到着する。宇美新道、河原谷《こうらだに》への道を分けるポイントだ。

ここから打って変わって傾斜は急になるが、登山道はジグザグについており、ゆっくり登れば息が上がることはない。周囲の照葉樹は泰然自若とした印象で、耳を澄ませば森の呼吸が伝わってくるかのようだ。

樹々との会話を楽しみながら、一歩、一歩登ってゆけばやがて傾斜は緩み、稜線は間近。仏頂山の西側を巻く道に出たら、右回りでも左回りでも構わない。まずは仏頂山へ歩を進めよう。心蓮《しんれん》上人の墓所と伝えられる頂には古い石祠がひっそりたたずんでいる。

山頂から男道を下る。九合目の道標手前から右へわずかで竈門岩へ。三つ並ぶ岩に仙厓和尚の手による「仙竈」の文字を見る。

宝満山山頂にどっかと座る礼拝岩。クサリ場をクリアし、狭くて急な石段を登ると、目の前に現れる。

スダジイと思われる大木を振り返って撮る。八方に枝を広げた姿が印象的だ。この木が一ノ鳥居が近づいたことを教えてくれる。

中宮跡の竈門山碑。かつてどんな修行が行われていたのか、興味は尽きない。

長い石段の道を下る。歴史的な遺構が多いせいかあまり話題に上らないけれど、宝満山の樹林はことのほか美しい。

ひと息入れたら仏頂西分岐へ下り、直進して左手にキャンプセンターからの道を合わせる。目の前は巨岩と絶壁とブナが織り成す庭園だ。仏頂山を静かな陰とすれば、いきなり賑やかな陽の世界へ躍り出た感がある。稚児落としの前から左に回り込んでクサリ場を登れば、宝満山の頂である。

復路は、上宮の前から急な石段を下って男道へ。袖すり岩をすぎ、九合目を示す古びた道標の手前から右へ少し入って竈門《かまど》岩を見る。男道に戻り、緩く下って草付きの広場ふうの中宮跡へ。ここは修験の記憶を今に伝える修行の場。かつては講堂、神楽堂、鐘楼などが並び立っていたという。

ここまでくれば、あとは左手に行者道を分け、道なりに下るだけだ。百段ガンギなど石段の道は膝にこたえるけれど、岩窟ホテル跡、閼伽《あか》ノ井、吉田屋敷跡、水場のある休堂跡など見所は多く、樹林も美しい。焦らずゆっくり下ってゆこう。

山行アドバイス

①鳥飼有料駐車場の管理人は大方不在。料金箱に駐車料400円と車のナンバーを書いて投函するシステムで、紙とボールペンもそばの袋に入っている。小銭を用意のこと。

②うさぎ道の取りつき点まで分岐が多い。道標を確認しながら進むこと。うさぎ道は599標高点まで迷う所はない。登山道も明瞭だ。石段の下りが苦手な人は、逆回りでうさぎ道を復路に使うとよい。

05 鳥飼駐車場から仏頂山～宝満山／うさぎ道・男道・正面道 ［周回］

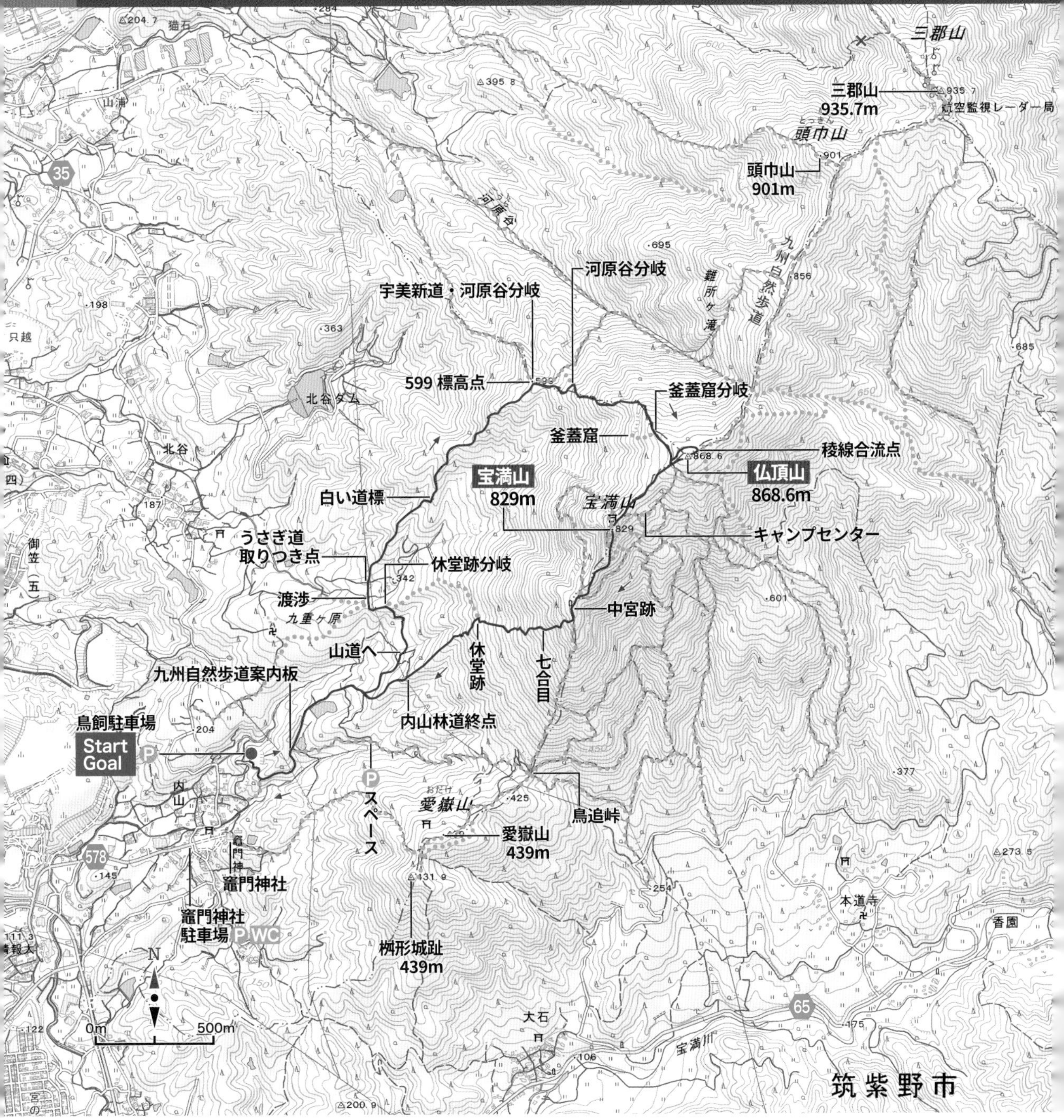

山行データ		
	標高	仏頂山＝868.6m 宝満山＝829m
	単純標高差	約 660m
	歩行時間の目安	約 4 時間 5 分
	緯度経度 （スタート地点）	33 度 31 分 53.25 秒 130 度 33 分 10.39 秒
	MAPCODE®	55 396 287*63

■参考タイム

鳥飼駐車場～ 25 分～山道へ～ 15 分～うさぎ道取りつき点～ 25 分～白い道標～ 35 分～ 599 標高点～ 30 分～稜線合流点～5 分～仏頂山～15 分～宝満山～ 20 分～中宮跡～ 30 分～休堂跡～ 20 分～内山林道終点～25 分～鳥飼駐車場（往路＝2 時間 30 分／復路＝1 時間 35 分）

■関係市町村

太宰府市観光推進課＝092（921）2121（代表）
太宰府市観光協会＝092（925）1899

06
★★
周回

本道寺から宝満山〜仏頂山／提谷道・シラハケ尾根道

小滝が連続する谷を抜け、山懐に散らばる名所をめぐる！

国道3号・高雄交差点から東へ延びる県道65号は、宝満山と大根地山の間を縫って米ノ山峠へ続く。本道寺集落は、峠の手前北側にあり、周辺から数本の登山道が宝満・三郡山系の稜線へ延びている。

それらは、いわゆる「裏宝満ルート」と呼ばれ、「表」に比べると谷が深く、幾多の滝やゴルジュが発達しており、深山幽谷の趣に浸ることができる。提谷《ひさげだに》新道もその一つで、西隣の猫谷川新道とともに滝が多いことで知られる。ここでは、往路に提谷道、復路に東隣のシラハケ尾根道をたどる周回ルートをガイドしよう。

県道65号・旧本道寺バス停の点滅信号から左折し、次の三差路も左折して林道を道なりに詰めてゆくと、

金剛ノ滝。小滝が続く提谷道にあっては比較的規模が大きい瀑布である。滝の前は平らな小広場になっており、小休止にもってこいの場所だ。

行き止まりの右手に駐車場がある。満車の場合は、少し戻った三差路から林道を西（猫谷川新道方面）へ進んだ緩いカーブ地点に駐車スペースがある。入り口は未舗装の農道ふうで狭いが、普通車でもＯＫだ。

かつては駐車場の上部から提谷を直接詰め登っていたが、現在はいったん右手のシラハケ尾根道に取りついて、溝状にえぐれた尾根をしばらく登り、途中から提谷に下る。このえぐれ道は、豪雨や台風によって落ち葉や落枝が溜まりやすく、一見荒れた感じが漂っているが、問題なく歩ける。

提谷への下降点には目立つ道標があって迷うことはない。谷に向かって右方向へ進むと、ロープが設置された急な下りを経て谷に下り立つ。目の前には小さな滝が落ちている。

周辺はヤブっぽく、初めての場合は不安になるかもしれない。加えて、沢沿いの登山道は岩が多く、トレースの薄い所もある。慎重に進路を見定めよう。

沢伝いに岩を乗っ越す感じで進むと、前ノ滝に出合う。前方に道はなく、ロープの下がった右手の岩壁をよじ登り、足場の狭い岩の上を通過する。ここが一番の難所と言ってよく、細心の注意が必要である。

これをすぎるとトレースは次第に明瞭になり、歩きやすくなる。険しい上りもなく、小滝を一つ見た先で金剛ノ滝の前に出る。そこは平坦な小広場。ここで滝を眺め、ひと息入れる登山者が多い。

金剛ノ滝も前ノ滝同様、前方に道はない。少し戻り、小さなケルンを目印に右岸（上流から見て右側）へ渡渉する。右下に滝を見下ろして進み、ほどなくして左岸へ渡渉。そのあと、水垢《みずご》離《り》ノ滝の下で再び右岸へ渡渉する。

以後、ずっと右岸を詰め登り、般若ノ滝、行者ノ滝を見て進めば、前方に百日

提谷下降点。谷に向かって右寄りに下りてゆく。途中にロープ場の急降下がある。

提谷登山口の駐車場。地主さんの善意による施設ゆえ、感謝を忘れないように。

前ノ滝。狭い岩の間を通って清流が流れ落ちる。岩が立ちはだかり、前には進めない。

提谷に下りると、岩の多い道が続く。トレースが不明瞭な地点も多い。

提谷道の取りつき点。沢に沿って歩き、間もなく右折していったんシラハケ尾根へ。

前ノ滝のすぐ手前右手にある岩壁。足場に乏しく、ロープを使って慎重によじ登るしかない。ここが提谷道一番の難所と言える。

シラハケ尾根のえぐれ道。荒れた感じが漂っているが、歩くに支障はない。

百日絶食記念碑から先は、陽射しの差し込む美しい樹林の中に登山道が続く。足下は硬い落ち葉に覆われており、釣舟岩まで慎重に進路を定める必要がある。

提谷道とシラハケ尾根道が交わる百日絶食記念碑。金剛ノ滝をすぎるとトレースは比較的明瞭になり、水垢離ノ滝、般若ノ滝、行者ノ滝を見てたどり着く。

釣舟岩方面と金ノ水方面への分岐。左を取る。

絶食記念碑が見えてくる。ここは、提谷道とシラハケ尾根道が交差する本ルートのポイント。そそり立つモミの大木が、裏宝満へ手招きするかのように存在感を示している。ここで小休止するのもよかろう。

さて、いよいよ裏宝満の核心部へ入る。まずは百日絶食記念碑の手前から左へ登り、釣舟岩を目指す。すぐ分岐に出合い、ここも左折する。右は、紅葉《もみじ》谷を経て金ノ水へ至る道だ。

照葉樹の硬い落ち葉に覆われた緩やかな斜面をたどれば、間もなく尾根に乗って右へ急カーブする。美しい樹林の中、蛇行する尾根道をたどり、文字の刻まれた岩から左（西）へトラバースすると、左手に猫谷川新道を合わせる。そのすぐ先、行く手に巨大な岩を見る。これが釣舟岩と一体となった岩の要塞、剣窟だ。裏宝満のシンボル的な存在である。

ただし、提谷道から歩く場合、巨大な岩があるばかり。シンボル感は薄い。興味のある人は、猫谷川新道へ下ってみるといい。その威容にきっと驚嘆することだろう（詳細は次項参照）。

剣窟をすぎて岩の門を抜け、緩く下って浅い谷間を登り返すと、ほどなくしてケルンの分岐に差しかかる。左手は大谷尾根を上がってきた道だ。右を取り、浅い谷間をひと上りして左折すれば、間もなくキャンプセンターのバイオトイレが見えてくる。

休日平日を問わず、たくさんの登山者が憩うキャンプセンターでひと息入れてもいいし、通り抜けて一気に宝満山山頂をめざしてもよい。

キャンプセンターを出て稜線の縦走路を右手に合わせ、枝振りのよいブナ林を抜けて岩壁のクサリ場に取りつく。左隅に鉄製ステップや足場があり、そちらを利用するほうが賢明だ。いったん平らな岩の上に出て、岩の間の狭く急な石段を登れば、眼前に堂々たる礼拝

いたずら書きだろうか、文字の刻まれた岩から左へ急カーブして釣舟岩へ向かう。

逆光の中にたたずむ剣窟の上部。提谷道からくると、巨大な岩にしか見えないが、猫谷川新道へ少し下ると、釣舟岩と併せて全貌が明らかになる。

岩を見る。

　そこは、すでに山頂の一角。回り込んだ礼拝岩のたもとに山頂標識、前方に竈門神社上宮のお社を見る。展望は四囲に及び、抜群の高度感を誇る。上りのきつさも忘れてしまうこの開放感こそ大勢の登山者を惹きつけてやまない人気の要因だろう。

　展望を楽しんだら、次は仏頂山へ。往路の岩壁を下り、左の縦走路へ入る。緩やかに登れば、10分足らずで仏頂西分岐に到着だ。左はうさぎ道。直進してすぐで、心蓮上人の墓と伝えられる石祠がおわす仏頂山山頂に至る。

　樹林に囲まれて展望は利かないものの、落ち着いた雰囲気の漂う静かな場所で、特に夏の盛りは強い陽射しを避けてここで昼食をとる人も少なくない。

　復路は、縦走路をそのまま東進し、モミの巨木が点在する水平道をたどる。飛びっきり心地のよい道で、

宝満山の隠れた名所である。その先、左手に八葉ノ峰を見て下った地点が普池《ふち》ノ窟分岐。ここから右へ鋭角に折れ、幅員の狭い樹林の道をトラバース気味に数分下った所にスギの大木と向き合う巨大な岩を見る。


この山の懐に眠る七窟の一つ、普池ノ窟だ。巨岩の下部が口を開けており、その暗がりに数体の仏像が安置されている。

　そこからさらに下って金ノ水へ。谷を塞ぐ巨岩の下から清水の滴る所。水場の

ミゾソバの花とキャンプセンター。右手が山小屋。宝満山へは直進して右の道へ入る。

稜線の縦走路を合わせると、ブナが点在する岩場に出合う。岩壁を登って山頂へ。

左手に大谷尾根道を合わせるケルンの分岐。前方の谷を登ってキャンプセンターへ。

静かなたたずまいの仏頂山山頂。三等三角点は石祠の裏側にある。

宝満山七窟の一つ、普池ノ窟。しっとりとした空気の中に霊気が漂う場所である。

宝満山山頂。礼拝岩を回り込むと、山座同定盤の向こうに竈門神社上宮がおわす。開放感たっぷりの場所だ。

金ノ水。谷間をふさぐ巨岩の下から清水が流れ落ちる。宝満山のパワースポットの一つである。

金ノ水からの下り。ロープとクサリが渡してある。紅葉谷まで足場の悪い所が数ヵ所ある。要注意！

一つであり、宝満山のパワースポットの一つでもある。というのも、5月の中旬ごろの数日間のみ巨岩の裏側から光が射し、清水を金色に変えるといわれているからである。

　ここが本ルートの名所の最後。清水で喉を潤したら巨岩を背に南へ下り、紅葉谷を経て百日絶食記念碑へ戻る。あとは、シラハケ尾根を下るばかり。正直なところ、この尾根道はほぼ植林で覆われており、上りはもちろん、下りでも楽しみは薄い。しかし、安全で安心して歩ける。

山行アドバイス

①提谷道は、谷に下り立ってしばらくはやや荒れた雰囲気が漂う。トレースの薄い所も少なくない。周囲をよく見て進路を見極めること。基本的に金剛ノ滝まで左岸を詰めてゆく。

②一番の難所は、前ノ滝から右手の岩壁によじ登る所で、ここは細心の注意を要する。ほかにもロープ場やハシゴ場があるが、いずれも短く、特に難しくはない。

③ルート全般に言えることだが、照葉樹の硬い落ち葉に覆われてトレースが分かりにくい所が多い。分岐が多いだけにルートを外さないよう慎重に行動しよう。

④百日絶食記念碑から左回りで金ノ水～普池ノ窟～仏頂山と周回してもいいが、どちらかといえば、本文通りの時計回りがおすすめである。なお、金ノ水から紅葉谷へかけての下りは、足下があまりよくない。

06 本道寺から宝満山〜仏頂山／提谷道・シラハケ尾根道 ［周回］

山行データ		
	標高	仏頂山＝868.6m 宝満山＝829m
	単純標高差	約 570m
	歩行時間の目安	約 3 時間 55 分
	緯度経度 （スタート地点）	33 度 31 分 49.86 秒 130 度 34 分 37.78 秒
	MAPCODE®	55 399 073*28

■参考タイム

提谷登山口〜 15 分〜提谷下降点〜 30 分〜金剛ノ滝〜 25 分〜百日絶食記念碑〜 20 分〜剣窟〜 25 分〜キャンプセンター〜 10 分〜宝満山〜15 分〜仏頂山〜 25 分〜普池ノ窟〜 10 分〜金ノ水〜 15 分〜百日絶食記念碑〜 30 分〜提谷下降点〜15 分〜提谷登山口（往路＝2 時間 20 分／復路＝1 時間 35 分）

■関係市町村

筑紫野市環境経済部商工観光課＝092（923）1111（代表）

裏宝満の核心部とも言うべき岩の要塞、釣舟岩。右手下の三角形の隙間から向こう側へすり抜けられる。

07
★★★
周回

本道寺から宝満山／猫谷川新道・大谷尾根道

深山幽谷の趣深い谷を詰め、裏宝満の核心部を歩く！

味わい深い「裏宝満ルート」の中でも、とりわけ深山幽谷感に浸れるのが猫谷川新道である。これを登って宝満山の頂を踏み、復路は大谷尾根道を下る周回ルートを紹介しよう。

登山口は、提谷登山口手前の三差路を西（左）へ左折した林道沿いにある。左折地点周辺の道は未舗装で狭いものの、少し進めば比較的広い舗装路に変わり、普通車でもOKだ。林道沿いの小さな私標のそばに3台ほど置ける駐車スペースがある。

道標を確認して入山し、なだらかなスギ林の尾根をたどる。二合目の大谷尾根分岐の先で渡渉。その辺りからトレースはやや不明瞭になる。ガレた谷を詰めると、夫婦滝に出る。滝といっても、小さな二本の筋が並んだ程度。右が雄滝、左が雌滝である。

そこからは沢から離れないように滝の脇を進む。すぐ先のクサリとトラロープの岩場を登ると、三合目の花乱ノ滝に到着だ。その先には二段になった養老ノ滝と、小さな滝が連続し、滝をつないで歩く感じ。養老ノ滝の上部で初めて沢から少し離れ、山側へ進む。

炭焼き跡をすぎて左岸へ渡ると、黎明ノ滝を見る。滝の横の長いロープの架かる岩場を登り、その先も幾つかロープのある岩を越えると大きなスラブ（凹凸の少ない一枚岩）が待ち受ける。足下に注意を払って登り、右へ進むと五合目の庭石荘に出る。目の前に巨大な岩壁が立ちはだかる、少し開けた落ち着ける場所だ。ホッとしたところで休憩としよう。

庭石荘の先でルートは女道と男道に分かれる。男道は急登に加えて、やや分かりにくい。ここは女道へ。途中、岩見台という大岩の上から谷を見下ろせる展望所があるが、木が茂っていて展望はあまりよくない。

男道を右手に合わせ、斜

面を急登すると、巨岩が複雑に重なり合う釣舟岩の前に出る。この辺りが裏宝満の核心部と言ってよく、宝満山の深部を垣間見る思いがする。釣舟岩は、岩と岩の隙間をくぐり抜けて向こう側へ。不安な場合は、右手に巻き道がある。

三角形の岩の隙間に入り込み、支え合う岩の上によじ登って岩のトンネルを抜ける。足下にも隙間が空いている。長居は禁物だ。注意して進もう。岩の上に回り込むように登ると、さらに巨大な二つの岩が向かい合う剣窟の前に出る。

剣窟の左手には岩壁が向かい合うように立ちはだかり、その岩の隙間にピンク色のテープが見える。ザックを背中から下ろして前に抱きかかえ、その隙間を抜ける。左へ少し下って登り返すと、岩の上部に出る。岩上からは、英彦山、古処山系を望む。

釣舟岩、剣窟をクリアすれば、あとは西へトラバースし、ケルンのある分岐から浅い谷を詰めてキャンプセンターへ。宝満山山頂はそこから10分ほどである。

復路は、キャンプセンターへ戻り、「竈門神社」の道標から石段を下る。最初の大石分岐の奥に恋占いの石、愛敬《あいけい》ノ岩がある。この分岐はそのまま竈門神社方面へ進み、次の分岐で大谷尾根（大石方面）へ下ろう。

しばらく道なりに下ると、カモシカ新道分岐、その先に鳥追峠分岐と分岐が続くが、いずれも大石バス停方面へ。その先に猫谷川新道の二合目と合流する分岐がある。ここも真っすぐ進み、

舗装林道沿いにある猫谷川新道の取りつき点と駐車スペース。

歩き始めは、スギ林の中の尾根をたどる。そのあと、大谷尾根分岐の先で渡渉する。

長いロープが設置されている黎明ノ滝横の岩場。足下にはステップが刻まれている。

スラブのロープ場。見た目ほど危険ではないが、岩が濡れているときは要注意！

岩の壁に二つの小さな流れが筋を描く夫婦滝。小さすぎて微笑ましい。

宝満山山頂から古処三山、英彦山を望む。取りつきからずっと樹林の中をたどることもあって、この展望に接すると心が晴れ晴れする。

山頂に鎮座する竈門神社上宮。

釣舟岩の内部を抜けて剣窟を見たあと、今度は「押出」が控えている。ここも体をこごめてすり抜ける。

その先で右岸へ渡渉する。鉄塔のある大行事原《だいぎょうじばる》へ出れば、林道はもうすぐだ。林道出合いから約10分でスタート地点に戻る。

山行アドバイス

①往路の猫谷川新道は、トレースが不明瞭な箇所が多い。初心者だけのパーティや単独行による入山は避けよう。また、下りで使うのも控えたい。

②登り始めは、沢沿いを離れないように進む。小さな滝が連続し、渡渉箇所も多い。慎重に進めば問題ないが、雨後は滑りやすい。増水時も要注意。

③釣舟岩をくぐり抜けるには、大岩の間の三角形の隙間から岩の内部に入る。足場は悪い。慎重に。不安な場合は、岩の右手から回り込んで巻くこともできる。

④復路の大谷尾根道は歩きやすいが、分岐が連続する。現在地を確認しながらひたすら大石方面へ下ろう。

キャンプセンターを下った最初の分岐。竈門神社方向へ進み、次の分岐で大石へ。

復路はキャンプセンターに戻り、小屋に向かって右隅の「竈門神社」の道標から下る。

大谷尾根道には分岐が幾つもある。いずれも道なりに下り、大石方面を目指す。

愛敬ノ岩。キャンプセンターから下った最初の大石分岐の奥にある。

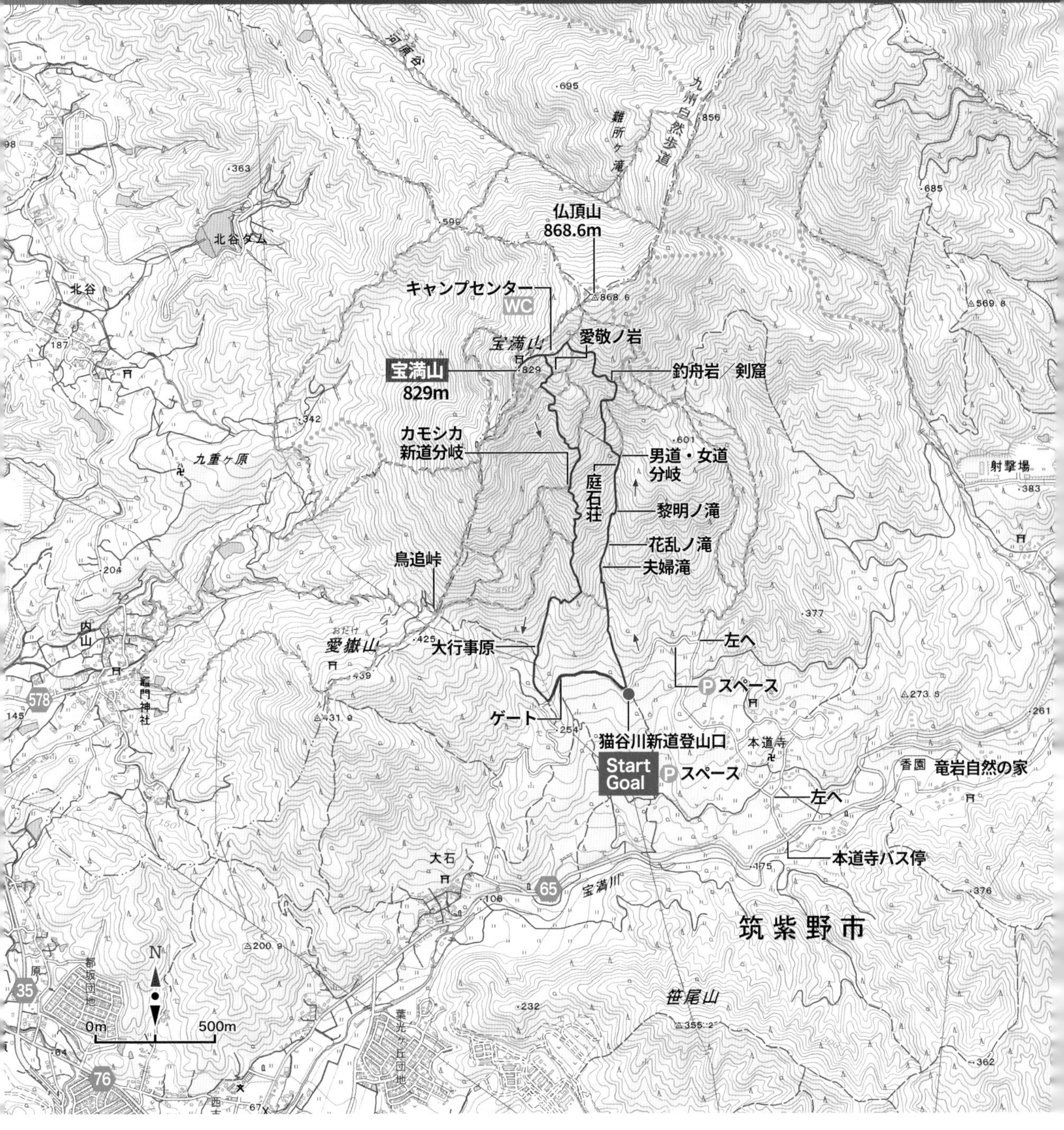

山行データ		
	標高	宝満山＝829m
	単純標高差	約 570m
	歩行時間の目安	約 3 時間 50 分
	緯度経度（スタート地点）	33 度 31 分 41.37 秒 130 度 34 分 25.50 秒
	MAPCODE®	55 399 100*82

■参考タイム

猫谷川新道登山口～30 分～花乱ノ滝～30 分～庭石荘～35 分～釣舟岩～25 分～キャンプセンター～10 分～宝満山～5 分～キャンプセンター～45 分～カモシカ新道分岐～35 分～大行事原～15 分～猫谷川新道登山口（往路＝2 時間 10 分／復路＝1 時間 40 分）

■関係市町村

筑紫野市環境経済部商工観光課＝092（923）1111（代表）

column・1　宝満山の核心部について

ランドマークの位置関係をしっかり頭に入れて歩こう！

宝満山山頂の東側一帯は、一般に「裏宝満」と呼ばれる。修験の山として栄えた足跡を今に伝える宝満七窟のうち五窟がこちら側にあって、宝満山の宗教性と懐の深さを垣間見せる貴重なエリアと言える。

その特徴として、急峻な地形と複雑に入り組んだ登山道が挙げられよう。そのため分岐が多く、一帯の全貌を把握するのは容易ではない。二、三度歩いたくらいではしばしば戸惑ってしまう。

さらにいえば、道標は統一されておらず、私標も多い。善意でつけられた私標に助けられることも少なくないが、行き先の地名やランドマークの表記がまちまちで、かえって分かりにくくしているケースもある。

そうした理由で、裏宝満エリアでは道迷いが少なくない。道を間違えて引き返した経験のある人は相当な数に上るだろう。そこで、裏宝満を含めて山頂周辺を隈なく踏査したGPSデータをもとに主要な分岐点やランドマークを地図に落とし込んでみた。それが左図である。

ただし、登山道やランドマークが密集しており、国土地理院2万5000分の1地形図では文字を書き加えるスペースに乏しい。よって、同地形図を二倍に拡大したものを使用している。地図上の1センチは実際の125メートルに当たる点を念頭に置いて、とくとご覧いただきたい。

剣窟のそばに置かれた道標。これを見て進路を定めることは不可能に近い。

ポイントとなるのは、キャンプセンターのすぐ南、剣窟・釣舟岩周辺、金ノ水周辺など。いずれも上りよりもむしろ下山時にこそ注意を要するエリアである。

たとえば、キャンプセンターから女道へ入ろうとして、猫谷川新道や大谷尾根道に入ったり、同じくキャンプセンターからシラハケ尾根道を目指すつもりが、猫谷川新道へ下りたりといったケースが多いようだ。

なお、金ノ水と剣窟・釣舟岩を最短距離で結ぶルートは分かりにくい。特に金ノ水から下る際は、入り口をしっかり見定める必要がある。

宝満・三郡山系には古い道標が少なくない。統一された道標に一新されることを願う。

上りに関して述べると、百日絶食記念碑から金ノ水を目指す場合、紅葉谷を渡ると遠回りになる。道は明瞭だが、斜面の上りは手強い。ここは、紅葉谷を右手に見て進むほうが近い。

いま一つ、山頂直下も意外と分かりにくいエアリである。簡単に説明しておくと、メインの登路は、南の男道と北の縦走路の二本。ほかに羅漢道から左右に分かれる道があって、そのうち一本は男道に、もう一本は稚児落としの直下を抜けて縦走路に合流している。つまり、合計四本の道があるわけだ。

さらにいえば、男道も途中で二手に分かれ、先で合流する。普通は道なりに右へ進むが、「本当の男道」は左。岩場を乗り越す険しい登路が待ち受けている。

以上述べたポイントを頭に入れ、左図を見て各ランドマークの位置関係を把握しておくと、道迷いはずいぶん減るはずである。

[宝満山の核心部詳細図]

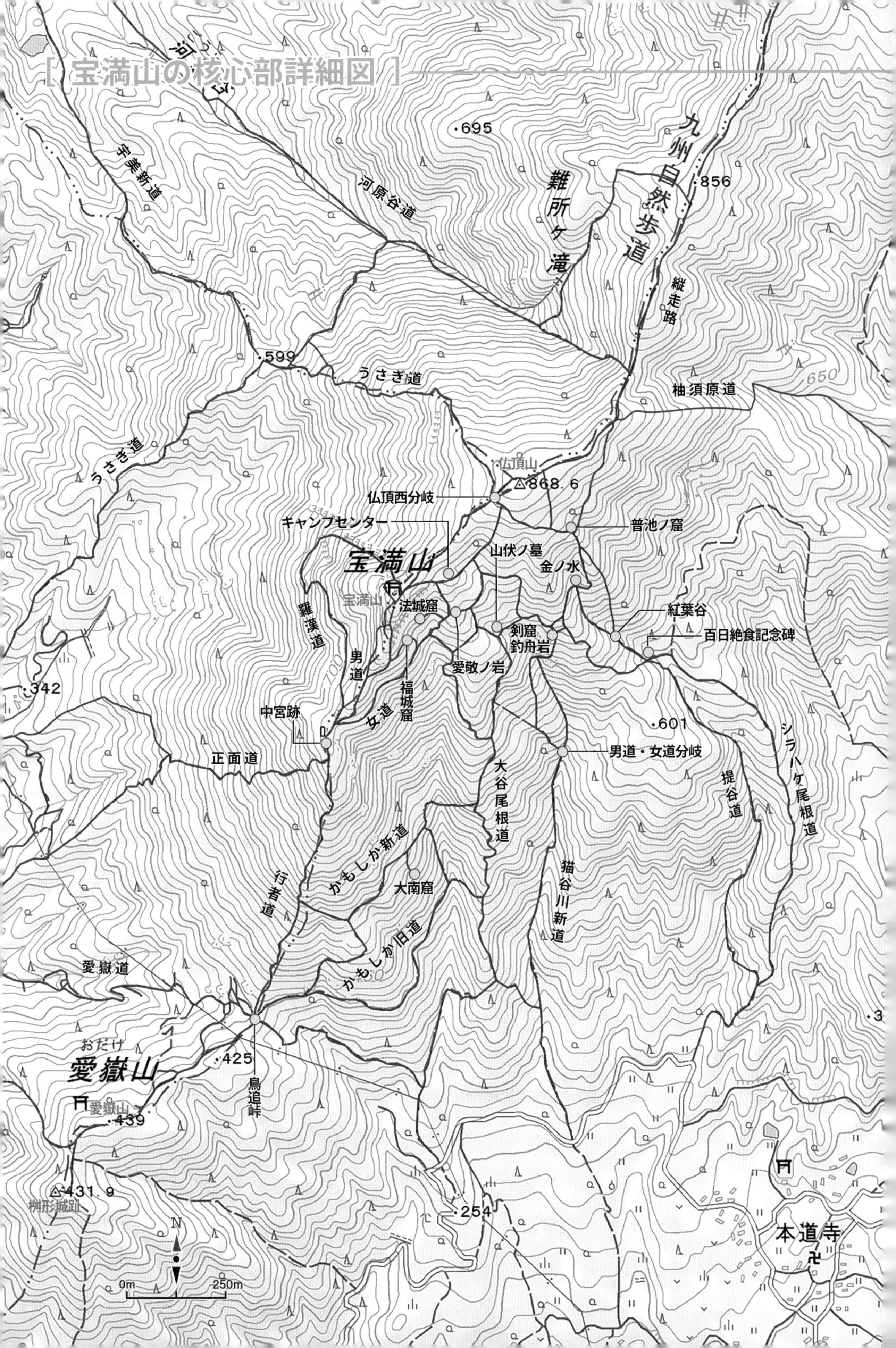

河原谷
宇美新道
河原谷道
695
九州自然歩道
難所ヶ滝
856
縦走路
599
うさぎ道
650
柚須原道
うさぎ道
仏頂山
△868.6
仏頂西分岐
キャンプセンター
普池ノ窟
宝満山
山伏ノ墓
金ノ水
宝満山
法城窟
紅葉谷
羅漢道
剣窟
釣舟岩
百日絶食記念碑
700
男道
福城窟
愛敬ノ岩
342
中宮跡
女道
601
男道・女道分岐
シラハケ尾根道
正面道
大谷尾根道
提谷道
かもしか新道
猫谷川新道
行者道
大南窟
かもしか旧道
650
愛嶽道
愛嶽山《おだけ》
425
鳥追峠
愛嶽山
439
△431.9
桝形城趾
254
本道寺
N
0m
250m

08
★★★
周回

本道寺から宝満七窟めぐり

宝満山中に点在する七つの窟をめぐる巡礼の旅!

宝満山が英彦山と並ぶ修験道の行場だったことは広く知られている。登山道沿いには宗教的な遺構はもちろん、それらの痕跡と思しきものも多数存在する。

ところで、修験道とはそもそもなにか。残念ながら浅学にして学術的な詳細を述べる術はない。ざっくりといえば、万物に神霊が宿るとした自然宗教が本筋にあるのだろう。

その修行の中でも、特に重要視されるのが擬死再生の行だ。すなわち、俗世の人々を救済するために自らを仮死状態に追い込み、即身成仏の修験者になろうとする厳しい修行である。

その際、岩に囲まれ、外界と遮断される岩窟は女性の胎内と見なされ、生まれ変わりの場として重要な役割を担っていた。また、行には神仏に供える閼伽《あか》水が必要で、それを採取する井戸も重要な存在であったという。

宝満山の場合、五井七窟がそれに当たり、特に重要なものとして伝えられている。五つの井戸は災害で壊れたり、場所が分からなくなったりしているが、七つの窟は今でもすべて残っている。前置きが長くなったが、この七窟をめぐってみようというのが本項のテーマ。猫谷川新道登山口から七窟をめぐる小さな巡礼の旅をガイドする。

回る順番は、剣窟~普池《ふち》ノ窟~釜蓋《かまぶた》窟~伝教大師窟~福城窟~法城窟~大南窟である(別掲の地図を参照のこと。ただし、国土地理院の2万5000分の1地形図を二倍に拡大して使用している)。ルートの詳細は各項に譲り、それぞれの窟の位置と特徴を述べる形で進めることにしよう。

七窟を一日で回る場合のモデルプランとして猫谷川新道登山口をスタート地点とする。

①剣窟

提谷《ひさげだに》道と猫谷川新道との合流点に位置する。提谷道からアプローチする場合は、単なる大岩にしか見えない。そのためスルーしがちである。猫谷川新道から釣舟岩とセットで楽しみたい。

登山道から見ると巨大な岩塊にしか見えないが、回り込むと大人一人がやっと通れるほどの洞状の隙間の

剣窟の岩上に立てば、胸のすく壮大な眺めが広がる。はるか昔、山伏たちもこの絶景を眼に収めたのだろうか。そして、そのときの光景は今とどれくらい違うのだろうか。

奥に仏像が安置されている。直下の釣舟岩と一体になっており、「岩くぐり抜け」から剣窟まで道がつながっている。

窟上部の岩場に上がることができ、大根地山、古処《こしょ》山、馬見山、英彦山と、かつて山伏が峰入りした山々を一望できる。また、山頂方向を振り返れば、宝満山の頂を形成する磐座《いわくら》を仰ぎ見る大絶景が楽しめる。

②普池ノ窟

金ノ水と仏頂山の中間に位置し、窟の前には大きな案内板が設置されており、分かりやすい。シラハケ尾根道や提谷道から仏頂山を目指す際に訪ねてもいい。

七窟の中で唯一登山道沿いにあり、最も参籠に適した窟である。線香の香りがするときもあり、今でも訪れる人は絶えない。入り口は狭いが、窟内は広さ十五畳ほどと広く、成人男性が立てるほどの高さもある。

玉依姫《たまよりひめ》の石像と石仏が約十体鎮座され、清浄な岩清

普池ノ窟。三角形の暗部が入り口。窟の内部は思いのほか広く、高さもある。玉依姫が祀られている。

剣窟は釣舟岩と一体となり、複雑怪奇な構造をしている。剣窟と登山道を結ぶ「押出」をすり抜ける。

釜蓋窟。仏頂山の北側、照葉樹の深い森に忘れられたかのようにひっそり眠っている。窟に至る踏み跡は薄く、アプローチは慎重に。

水が四季を通じて流れている。神道夢想流杖術の開祖、夢想権之助が「不滅の杖」の極意を授かったゆかりの窟とも伝わる。

③釜蓋窟

　見つけるのが最も難しいであろう窟である。仏頂西分岐からうさぎ道に入って数分。標高830メートル付近にある左手の薄い踏み跡からアプローチする。

　小さな支尾根をたどり、岩塊が現れたら正解だ。左右の谷には決して入らないように注意しよう。分岐から10分歩いてもたどり着かなかったら、尾根を取り違えている。引き返そう。

　名前の由来は、大岩の上に平たい岩が蓋《ふた》をしたように被さって見えることからだろうと推測する。明瞭な窟はないが、入り口らしき場所に石の祭壇と首のない石仏が祀られている。上部の岩面には「中村入道」という人名や「享和二年」（1802年）の年号が刻字され、梵字が彫られたらしい跡がある。

④伝教大師窟（宝塔窟）

　羅漢道の標高680メートル付近。朽ちた案内道標を目印に登山道から山手へ10メートルほど登った場所にある。案内道標が目立たないため、あらかじめよく位置を把握したうえで、GPSアプリを使って探すほうが確実だ。

　天台宗の開祖である伝教大師最澄が入唐求法《にっとうぐほう》に先立ち、安全を祈願したと伝わる窟である。

⑤福城窟（虚空蔵窟）

　男道と女道をつなぐ間道にある。女道側には古びた目立たない道標がある。男道側からは、益影ノ井を背にして右前方に延びる踏み跡をたどる。

　壁面に「金剛界大日如来」を表す梵字がはっきり残っている。修験道隆盛時は窟内に虚空蔵菩薩を祀り、窟上には頭脳を明快にして記憶力を増すための法「虚空蔵求聞持法《ぐもんじほう》」を修した求聞持堂があったという。

⑥法城窟

キャンプセンターから女道を下って数分。左手に愛敬ノ岩を見た先、右手に目立たない道標がある。道標から坊跡と思われる平坦地の踏み跡をたどる。スギの倒木をくぐった先に窟の入り口が見えてくる。

竈門《かまど》神社上宮の直下にある山中最神秘の窟。頂上の礼拝岩のゴツゴツと突き出した「陽」に対して、入り口が女陰の形で水を湛えた「陰」の相である。この窟を仏の胎内とみなし、仏の子として生まれ変わることを願うという。

窟内には室町時代に彫られたと考えられる本地仏十一面観音、あるいは聖観音とおぼしき菩薩座像の線刻がある。明治の御陵墓調査の際に玉依姫の墓所だと報告された経緯もある。

⑦大南窟

取りつき点は、かもしか新道の標高530メートル付近にある。生木に彫られた「南」の文字が目印だが、斜面下手を注意深く観察すれば、踏み跡を見つけられる。登山道から約20メートル急斜面を下るため、滑落しないよう注意が必要だ。

古代から現代に至るまでの祭祀、修行の場。付近からは8世紀以来の祭祀遺物が多く出土している。高さ15メートルほどの屹立する岩峰で、窟は岩峰の右側を巻いて下りた所にある。

伝教大師窟。遣唐使として入唐する前の伝教大師最澄が籠もって修行したと伝えられる。羅漢道にある。

窟内は10平方メートルほど広く、2009年5月の宝満山修験会の入峰では、入山灌頂《かんじょう》が行われた。窟内にはコウモリが生息している。中に入る際は刺激しないよう注意しよう。

ちなみに灌頂とは、頭頂に水を灌《そそ》いで諸仏や曼荼羅《まんだら》と縁を結び、種々の戒律や資格を授けて正統な継承者とするための儀式のことをいう。

以上が七窟の概要であるが、五井についても述べておく。現存するのは、男道

福城窟。女道と男道をつなぐ間道にある。この間道自体あまり知られておらず、訪れる人は少ない。秘境感を漂わせる窟である。

の八合目の先にある益影ノ井と百段ガンギを登り切った場所にある閼伽ノ井の二つのみである。

三合目、休堂跡の水場が徳弘ノ井という説、あるいは吉田屋敷跡付近に西ノ井、羅漢道の式部稲荷付近に不動ノ井があるとも伝わるが、定かではない。

山行アドバイス

①本文では、一日で回る際の効率のいいモデルプランを紹介したが、正直なところ、山中に点在する七窟すべてを一日で回るには宝満山を二往復するほどの体力が必要である。特に裏宝満に位置する窟はアップダウンの激しい道を通る。

加えて、複雑に入り組んだ道を正確にたどるのも容易ではなく、ルートファインディングの技量が必要である。時間に追われて焦ると、怪我や遭難のリスクが高まる。無理は絶対に禁物と心得たい。

法城窟。宝満山山頂直下に位置しており、山頂の礼拝岩と対の関係にあると伝えられる。

②一日で回るよりも、むしろ修験の記憶に思いを馳せながら、三回、四回と分けて登るほうが楽しいかと思う。宝満山の核心部には登山道がたくさんある。さらにはキャンプセンターも備えている。七窟をどのようにめぐるか、プランニングの楽しさも併せて味わっていただきたい。

③窟内は昼間でも薄暗い。ヘッドライトの準備しておくと便利。というより、ヘッドライトは山行の常備品と考えるべきである。

④七窟はいにしえから大切にされてきた祈りの場である。騒ぐことなく敬意を持って参拝しよう。ゴミの放置などもってのほかである。

大南窟は、そそり立つ奇怪な姿をした岩峰の下部にある。

大南窟の入り口。周辺からは 8 世紀以降の祭祀遺物が多数出土しており、祭祀の場でもあったと考えられている。

山行データ		
	歩行時間の目安	約 6 時間 20 分
	緯度経度（スタート地点）	33 度 31 分 41.37 秒 130 度 34 分 25.50 秒
	MAPCODE®	55 399 100*82

■参考タイム

猫谷川新道登山口～ 95 分～剣窟～ 20 分～普池ノ窟～ 30 分～釜蓋窟～ 50 分～伝教大師窟～ 35 分～福城窟～ 10 分～法城窟～60 分～大南窟～80 分～猫谷川新道登山口

■関係市町村

太宰府市観光推進課＝092（921）2121（代表）
筑紫野市環境経済部商工観光課＝092（923）1111（代表）

.695
九州自然歩道
難所ヶ滝
.856
宇美新道
河原谷道
縦走路
.599
うさぎ道
650
柚須原道
うさぎ道
釜蓋窟 3
仏頂山
△868.6
仏頂西分岐
キャンプセンター
2 普池ノ窟
宝満山
伝教大師窟 4
金ノ水
宝満山
・法城窟
6
5
剣窟 1
釣舟岩
百日絶食記念碑
羅漢道
男道
福城窟
.342
女道
.601
中宮跡
正面道
男道・女道分岐
シラハケ尾根道
提谷道
大谷尾根道
かもしか新道
7 大南窟
猫谷川新道
行者道
かもしか旧道
愛嶽道
愛嶽《おだけ》山
.425
鳥追峠
愛嶽山
.439
猫谷川新道登山口
Start
Goal
P スペース
△431.9
枡形城趾
.254
本道寺
N
0m
250m

09
★
周回

竈門神社から有智山城址／北谷道・内山林道

忽然と姿を現す豪壮な山門と古き山城の面影を訪ねて！

歴史に名を馳せる太宰府市だけあって、歩けばさまざまな名所や史跡名を記した道標に遭遇する。「有智《うち》山《やま》城跡」もその一つで、かなり古びてはいるが、正面道にも「有智山城」という大きな案内板を見る。場所は三合目に当たる休堂跡。谷側に少し入った右手に立っている。

「有智山」は、現在の竈門《かまど》神社周辺の集落「内山」の由来となった地名だと思われるが、これといった情報もなく、国土地理院の2万5000分の1地形図にも記載はない。いったいどんな場所なのか。気になっている人もおられるだろう。

山登りからは離れるが、宝満山登山最大の拠点、竈門神社の北側に広がるエリアと迷路のように入り組んだ道筋を把握するためにも歩いておくに限る。竈門神社の登山者用駐車場をスタート地点に周辺をぐるっとめぐってみよう。

まずは、駐車場から車道に出てすぐの三差路を左へ折れる。民家の間を縫って進むと、左手に「有智《ゆうち》山荘」という古民家を見る。貸しギャラリーとして、ときおりコンサートなどが開かれていると聞く。

その先、谷上橋を渡って左へカーブすると次第に民家は疎《まば》らになり、丘陵地に開ける里山の景色に変わる。道なりに進んで「有智山城跡」の道標が立つ三差路を右折する。緩やかに登り、舗装が途切れる地点から作業道ふうの山道へ入る。

鬱蒼としたスギ林の中、同じ道標を見る地点で硬い赤土の道が左へ分かれる。散らばる石の欠片《かけら》から推測すると、遠い昔の参道のようだ。歩く人は少ないらしく、スギの落枝や枯れ葉で雑然とした印象が漂っている。正直なところ、あまり楽しい道とは言えない。

でも、少し辛抱して踏み跡をたどろう。というのも、この先の四辻のそばに今ふうに言えばインスタ映えしそうな不思議な光景が待っているからだ。なんと、スギ林の中に豪壮な造りの山門が忽然と姿を現すのである。場違いとも思えるたたずまいにきっと驚くだろう。右手にあるシイの大木、足下の苔むした石畳もいい雰囲気を醸し出している。

四辻に戻り、北に進路を

最初のランドマーク、有智山荘。竈門神社から民家を抜けて進むと左手にある。

舗装が途切れる地点から左の山道へ。道幅は広く、林業用の道といった趣だ。

開けた丘陵地を北にたどると、有智山城址入り口の三差路に出合う。

途中から硬く踏まれた道へ入る。周囲は鬱蒼としたスギ林である。

忽然と姿を現す承天寺別院の山門。こんな所に…と、きっと驚くことだろう。写真は逆方向から撮ったもの。

有智山城趾からスギ林の中を登ると、まず左手から北谷道を合わせる。

北谷道分岐のすぐ先にもう一つ分岐がある。左はうさぎ道へ続く。ここは右を取る。

有智山城趾。左手が石垣、窪地が空濠の跡である。歴史的に貴重な遺構という割に扱いがぞんざいに感じられる。その点が惜しい。

六所宝塔跡から望むたおやかな姿の宝満山。小広場ふうの場所で、春には珍しい花が咲く。

竈門神社のそばにある山の図書館。山岳関係の蔵書は8500冊を超える。

北谷道分岐から内山林道出合いにかけては自然林が残っており、気持ちよく歩ける。

内山林道出合い。左手から出てきて右を取る。左へ登り詰めると、一ノ鳥居の立つ林道終点だ。

取って10分ほど登った所が有智山城趾である。休堂跡にある案内板によると、「鎌倉から室町時代にかけて、北部九州に勢力をはった少《しょう》弐《に》氏の本城」という。今では殺風景なスギ林の中に石垣や空濠跡が残るのみだが、戦国時代以前の山城として貴重な遺構だそうである。

　そこから道なりに歩を進め、登り切って平らになると、間を置かず二つの分岐がある。最初は北谷道との合流点。左を取って下れば舗装林道に出合い、右手に追分け石を見る。次の分岐の道標は「左＝うさぎ道、右＝休堂跡」を指し、左は同様に舗装林道に出てうさぎ道へ通じている。

　ここは右へ。自然林の中を登れば、休堂跡分岐に出合う。左が休堂跡へ通じる道で、かつて宇美町側から宝満山へ登る際に使われていた北谷道である。トレースは残っており、問題なく歩ける。だが、荒れた雰囲気が漂っており、植林の中の道は面白みに欠ける。

　休堂跡分岐から右を取って樹林の小径を抜ければ、ほどなくして内山林道と合流する。右を取り、その先の登山道と交差する四辻を直進して六所宝塔跡に立ち寄ろう。

　登山者にはあまり知られていない場所だが、伝教大師最澄とゆかりの深い遺跡で、日本に六ヵ所しかないという。ここから眺める宝満山のふっくらとした姿もいいものだ。ちなみに4月の中旬ごろに足を運べば、もう一つのお宝に出会えるかもしれない。

　そして、有智山城趾めぐりの最後の仕上げは竈門神社へ参拝。その前に山の図書館を訪ねるのもいい。

山行アドバイス

①山門の門柱には「承天寺別院」とある。博多の承天寺の別院のようだ。山門をくぐって進むと北側の林道に出る。その手前には立派な梵鐘《ぼんしょう》が残っている。ただし、周辺が私有地であることを記した案内板が林道側にある。

②有智山城を築いた少弐氏は、源頼朝から太宰少弐職に任じられて大宰府の長官となった武藤資頼《すけより》が初代。その墓所は、四王寺山麓の太宰府市民の森にある（68ページ参照）。

③歩き足りない人は、休堂跡分岐から北谷道を通って休堂跡へ。水場でひと息入れて正面道を下れば、それなりに歩き応えのある周回が可能である。

09 竈門神社から有智山城趾／北谷道・内山林道 ［周回］

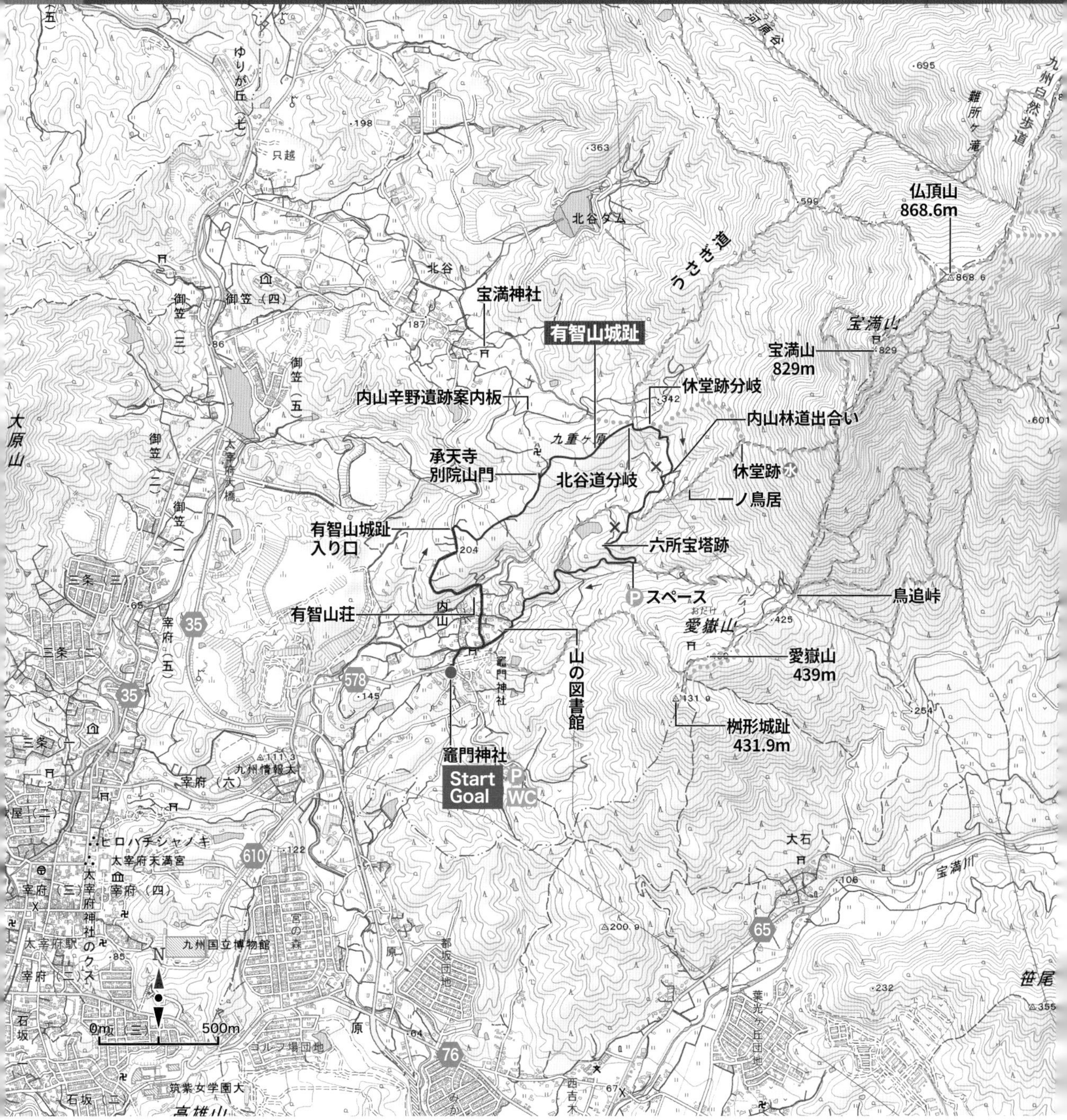

山行データ		
	標高	有智山城趾＝307m
	単純標高差	約 180m
	歩行時間の目安	約 1 時間 30 分
	緯度経度（スタート地点）	33 度 31 分 41.81 秒 130 度 33 分 0.99 秒
	MAPCODE®	55 396 009*66

■参考タイム

竈門神社～ 20 分～有智山城趾入り口～ 15 分～承天寺別院山門～ 10 分～有智山城趾～ 5 分～休堂跡分岐～ 5 分～内山林道出合い～ 5 分～六所宝塔跡～30 分～竈門神社（往路＝45 分／復路＝45 分）

■関係市町村

太宰府市観光推進課＝092（921）2121（代表）

10
★
周回

竜岩自然の家から大根地山／九州自然歩道・西尾根道

シンボルは扇滝と赤い鳥居、信仰の山の魅力を味わい尽くす

苔むした石鳥居と扇滝。周辺は湿潤な空気に包まれており、厳かな雰囲気が漂う。カエデが数本あり、秋には滝と紅葉のコラボレーションを楽しめる。

宝満山の山頂から南に開ける筑紫平野を望むとき、最も間近に見えるピークが大根地《おおねち》山である。福岡県筑紫野市の北東部に裾野を広げる山塊で、県道65号沿いにある同市のアウトドア施設「竜岩《たついわ》自然の家」から手軽に登ることができる。

広々とした駐車場で準備を整えたら、宝満川に架かる橋を渡り、川沿いの小径を東進するとすぐ竜岩橋に出合う。左手に竜岩自然の家の本館を見て、橋のたもとから右折し、突き当たりの舗装林道を左折。以後、取りつき点まで長い林道歩きが続く。

ゲートを抜け、左手に野生化したボタンクサギ（中国南部原産）の群落を見て東進すると、やがてカーブミラーの立つ三差路に出合う。ここは「大根地神社」の大きな案内板に従って右を取る。

右手に砂防堤、伐採地を見て進んだ所でようやく取りつき点に出合う。九州自

然歩道の案内板、道標、ベンチとテーブルがあるから見逃すことはない。ここで右折し、左手に砂防堤を見ながら簡易舗装の作業道をたどる。その先で山道に変わり、尾根に施された丸太のステップを登る。

ほどなくして林道に出合い、横切ってさらに登れば、涼やかな水音が聞こえてくる。扇滝は間近で、石の階段を登る途中、苔むした鳥居と白い筋を描く滝が姿を現す。辺りは鬱蒼した照葉樹にカエデが交じり、晩秋には紅葉が楽しめる。

滝の真下を通過し、右手に荒熊稲荷神社の赤い鳥居を見た先からトラバース道が東へ続く。尾根を二つ巻いたあと、小さなクサリ場を抜けて尾根に乗る。

南へ進路を変え、自然林の中を蛇行しながら緩く登ってゆくと、ツクシミカエリソウの群生地の向こうにコンクリートの建物を見る。これは、大根地神社奥ノ院の水場。美味しい岩清水をいただいていこう。

そこからひと上りで奥ノ院に至り、左へ続く階段を覆うように赤い鳥居が連なっている。これをくぐって登った所に神功皇后ゆかりの大根地神社が鎮座している。拝殿の前からは北東方向の展望がよい。ちなみに、扇滝から大根地神社までが信仰の山としての大根地山の核心部である。

そして、山頂を踏むにはここからもうひと踏ん張り必要だ。神社の前を通り抜け、右手に回り込んで樹林の中の踏み分けを登ること10分ほどで東西に細長い頂に到着だ。草付きの平らな山頂は特に北側の展望に優れ、宝満山から三郡山へ続く稜線を間近に望む。足下にはススキのほか、ヨメナやナワシロイチゴの群落があり、夏にはコオニユリの朱色の花が緑に映える。

復路は、ビギナーなら往復。経験のある人は西尾根を下り、香園《こうぞの》方面へ周回してみよう。植林が多く、全

竜岩自然の家の広い駐車場。奥に進んで宝満川に架かる橋を渡る。

林道をたどって取りつき点へ。ゲートを抜けた先にボタンクサギの群生地がある。

九州自然歩道の案内板がある取りつき点。ここから右へ折れ、簡易舗装路を登る。

扇滝から樹林の中のトラバース道が始まる。左手は急斜面ゆえ、行動は慎重に。

奥ノ院の下部にある水場。手前にはツクシミカエリソウが群生している。

奥ノ院から赤い鳥居が続く。鳥居を抜けた先に大根地神社が鎮座している。

山頂直下の上り。全体に植林が多いが、山頂周辺には自然林が残っている。

古い道標を確認しながら下る。消えかけているが、中央にうっすらと「10」の赤い文字が読み取れる。

広々とした草付きの大根地山山頂。展望は北側がよい。周回するには、ススキをかき分けて奥へ進む。

ランドマークの一つ、476.5 四等三角点。この先は比較的なだらかな下りが続く。

西尾根ルートの下り始め。登山道はしっかりついている。この先に「道標 11」があり、左へ急降下する。

体に裏山ふうのヤブっぽい雰囲気が漂っているとはいえ、踏み跡は比較的明瞭である。しかも、基本的に尾根の一本道で迷いやすい所はない。加えて、古いながらも番号を振った道標が要所に立っている。

　これらと「山家財産区」と記された境界見出し標や476・5四等三角点などを目印に下れば、所要1時間40分ほどで鳥居の立つ車道に下り立つ。その手前の道が雨後などぬかるむ場合があるから要注意。

　西尾根を上りに使うのは、小ピークが多く、それなりにハード。トレーニング以外は、時計回りの周回がベストである。

山行アドバイス

①九州自然歩道を兼ねている往路は、登山道、道標ともに整備されており、迷う所はない。クサリ場が一ヵ所あるが、距離は短く、斜度も緩くて難しくない。

②西尾根を下る復路は、古いもののポイントごとに道標がある。小ピークが多く、思いのほかアップダウンがある。ただし、急な登り返しはない。九州電力の鉄塔に出る手前に一部倒木があるが、歩くに支障はない。

③「竜岩自然の家」は、宝満川沿いにある筑紫野市のアウトドア施設。キャンプ、バーベキュー、川遊びのほか、クライミングウォールもある。ハイシーズンには大勢の家族連れが訪れ、駐車場が満車になることも珍しくない。特に夏場の休日は早出を心がけよう。

ここに下りてくる。草刈りがされていないときはヤブっぽいが、登山道は明瞭だ。

料金受取人払郵便

博多北局
承認

7183

差出有効期間
2022年10月31
日まで
（切手不要）

郵便はがき

812-8790

158

福岡市博多区
奈良屋町13番4号

海鳥社営業部 行

通信欄

通信用カード

このはがきを，小社への通信または小社刊行書のご注文にご利用下さい。今後，新刊などのご案内をさせていただきます。ご記入いただいた個人情報は，ご注文をいただいた書籍の発送，お支払いの確認などのご連絡及び小社の新刊案内をお送りするために利用し，その目的以外での利用はいたしません。

新刊案内を［希望する　希望しない］

〒　　　　☎　（　　）

ご住所

ご氏名《フリガナ》　（　　歳）

お買い上げの書店名

宝満・三郡山系徹底踏査！

関心をお持ちの分野

歴史，民俗，文学，教育，思想，旅行，自然，その他（　　）

ご意見，ご感想

購入申込欄

小社出版物は全国の書店，ネット書店で購入できます。トーハン，日販，楽天ブックスネットワーク，地方・小出版流通センターの取扱書ということで最寄りの書店にご注文下さい。なお，本状にて小社宛にご注文いただきますと，郵便振替用紙同封の上直送致します（送料実費）。小社ホームページでもご注文いただけます。http://www.kaichosha-f.co.jp

書名		冊
書名		冊

10　竜岩自然の家から大根地山／九州自然歩道・西尾根道　［周回］

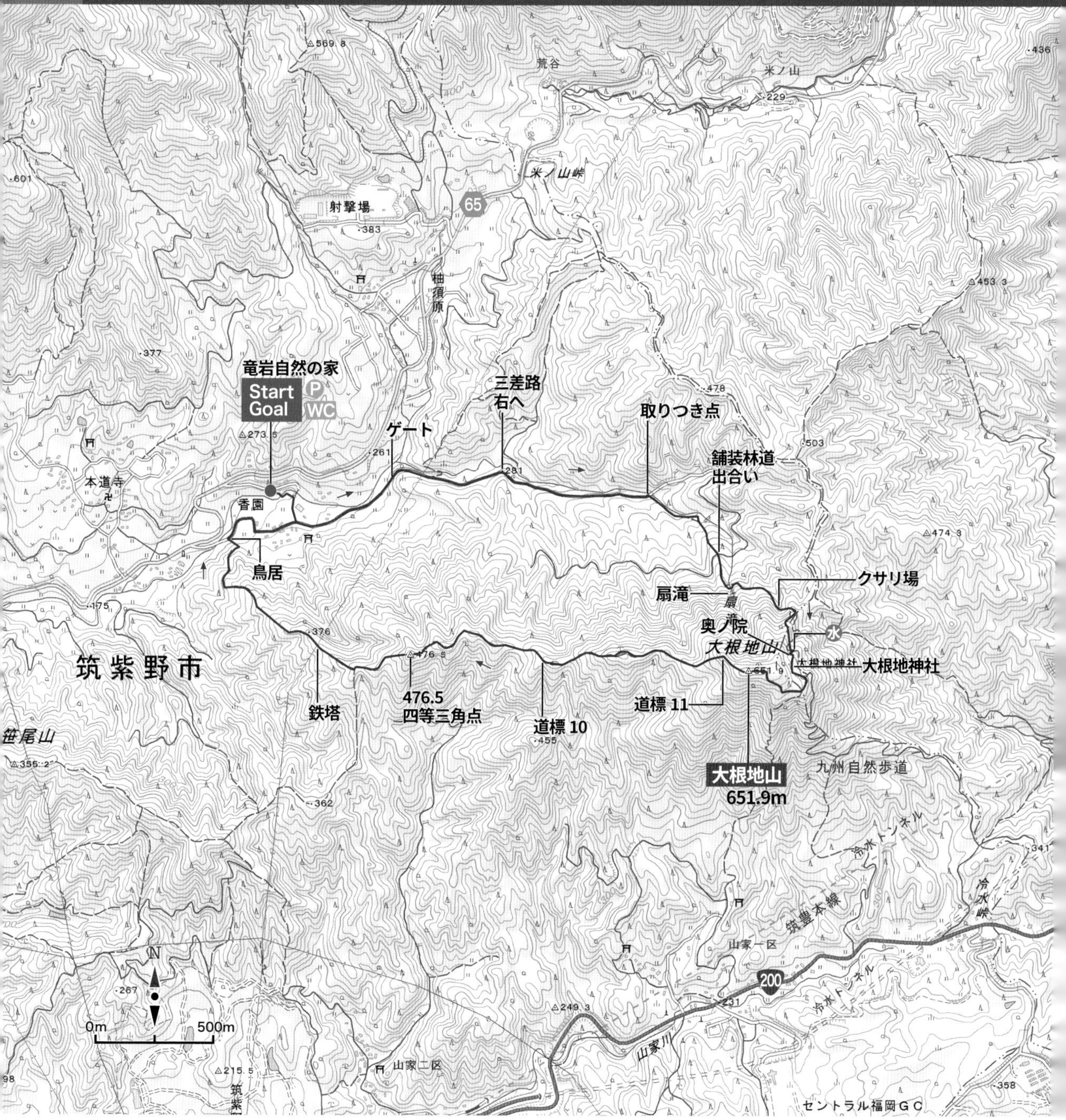

山行データ	標高	大根地山＝651.9m
	単純標高差	約 430m
	歩行時間の目安	約 3 時間 25 分
	緯度経度 （スタート地点）	33 度 31 分 27.88 秒 130 度 35 分 15.15 秒
	MAPCODE®	55 370 474*25

■参考タイム
竜岩自然の家～ 15 分～ゲート～ 25 分～取りつき点～ 20 分～扇滝～ 25 分～大根地神社～ 10 分～大根地山～ 35 分～道標 10 ～ 20 分～ 476.5 四等三角点～ 45 分～鳥居～10 分～竜岩自然の家（往路＝1 時間 35 分／復路＝1 時間 50 分）

■関係市町村
筑紫野市環境経済部商工観光課＝092（923）1111（代表）
竜岩自然の家＝092（921）3455

column・2　四王寺山に関する覚書

はるかなる時空を超えて
古代史のロマンを今に伝える山

宝満山の西、宇美町・大野城市・太宰府市にまたがる山塊を総称して四王寺山と呼ぶ。主なピークは、大《おお》城《き》山、大原《おおばる》山、水瓶山、岩屋山の四つ。

663年、白村江の戦いに敗れた倭国は、大陸からの侵攻を恐れ、西日本一帯に防衛網を敷く。その一つの拠点が当地に造営された日本初の朝鮮式山城、大野城といわれ、U字形を成す稜線には土塁が盛られ、谷には巨大な石垣が築かれた。

山名は、白村江の戦いから百数十年を経た774年、四天王（持国天、広目天、増長天、多聞天）を祀る寺が建立され、のちにそれらを四王寺と呼んだことに由来する。

今では、北に四王寺県民の森、南に太宰府市民の森が整備され、明瞭な登山道に加えて要所には道標が設置されている。薄暗い植林帯もあるにはあるが、土塁周りを中心に自然林が残っており、足下には山野草も多い。

歴史の面影と豊かな自然が渾然《こんぜん》一体となって、この山域特有の雰囲気を醸し出している。ハイキング、森林浴、史跡めぐりを楽しめる山として高い人気を誇るのは周知の通り。各登山口からの標高差も300メートルをわずかに超える程度で、ビギナーにもおすすめできる。

大野城築城から数えて1200年余り。この山域には、はるかなる時空を超えた歴史の断片があちらこちらにちりばめられている。万葉の時代から現代へと続く悠久のときの流れ。それらに思いを馳せながら歩こう。それが四王寺山を訪ねる際の作法である。

大宰府政庁跡から望む四王寺山

大宰府政庁跡は、日本の原風景を思わせる佇まい。その北側に丘陵のような四王寺山が座る。かつてこの地に日本の防衛と西国の政治を司る前線基地があった。

増長天礎石群

稜線に残る増長天礎石群。増長天は四天王の一つ。平易にいえば、四方のうちの南を守護する神といわれる。

11
★
周回

大宰府政庁跡から岩屋山〜水瓶山／岩屋谷道・九州自然歩道

二つのピークを踏んで太宰府天満宮へ下る歴史の道

西の大城《おおき》山と東の大原《おおばる》山、その南に並ぶ岩屋山と水瓶山の四座が四王寺山を構成する主なピークである。いずれも標高500メートルに満たない低山ながら、幾つもの歴史的遺構を訪ねながら歩くのは楽しい。

大宰府政庁跡から市道を歩き、テニスコートを左手に見ながら市民の森を目指す。

また、四方から延びる登山道に加えて、遊歩道や間道が張りめぐらされており、ルートをさまざまに設定できるのもいい。ここでは、大宰府政庁跡（以下、政庁跡）から太宰府市民の森をたどり、岩屋山を経て水瓶山へ周回するルートを紹介しよう。

太宰府市民の森（以下、市民の森）は、四王寺山と政庁跡の間に広がる自然公園である。園内には遊歩道が整備され、森林浴や自然散策を楽しむ市民の姿が絶えない。遊歩道は西の「春の道」と東の「秋の道」がメインで、いずれも岩屋山への登路に通じている。

政庁跡の無料駐車場に車を置いたら、最初のランドマークであるテニスコートを目指し、正面に四王寺山を見て右奥に進もう。そのあと、市道に出て右折。テニスコートは、そのまま道なりに進んだ突き当たりの左手にある。

ここから北進して太宰府市民の森へ入ってゆく。ほどなくしてチェーンゲートに遭遇し、その先に「武藤資頼《すけより》・資能《すけよし》の墓」の道標を見る。墓所は右に折れて数分の所。立ち寄るのもいいだろう。

その先、左手に「まほろばの森ビオトープ」入り口を見て進むと、遊歩道の三差路に出合う。どちらを取っても先で合流するが、ここは道なりに直進して、珍しいトチノキ、ユリノキ林の中を歩くといい。遊歩道と合流し、右手のトイレをやり過ごせば、間もなくキャンプ場である。

それを抜けた所が岩屋谷道分岐。右折して橋を渡る。岩屋谷の道という意味で、登山道は尾根についており、照葉樹林の中をたどる。どんぐりの森分岐、萩尾大学の墓をすぎ、さらに登るとロープ場に遭遇する。

といっても、難しいことはない。ジグザグに登れば間もなく分岐で、右へトラバースして数分の所に岩屋谷磨崖石塔群がある。磨崖石塔とは、簡単にいえば仏ではなく、宝塔や宝篋印塔《ほうきょういんとう》といった仏塔を岩壁に彫ったもの。岩屋谷のそれは1300年代のものといわれている。

分岐に戻り、緩く登ると平坦地の三差路に出合う。左手奥が高橋紹運《じょううん》墓所で、ここは右を取る。数分で車道（四王寺林道）に出合い、これを横切って山道に取りつけば、岩屋山の山頂に数

岩屋谷道の入り口。市民の森のキャンプ場の先、右手にある。橋を渡って取りつく。

忘れ去られたようにひっそりとたたずむ磨崖石塔群。1300年前のものと伝えられる。

岩屋山山頂は、展望抜群だ。東方向に宝満山、仏頂山、頭巾山を望む。市民の森を抜けて、ここまで散歩する太宰府市民も多い。

岩屋山山頂から取って返し、山道を抜けると車道（四王寺林道）に出る。横切って再び山道へ。

土塁の道のランドマークの一つ、増長天礎石群。四王寺山の歴史ロマンを偲ばせる遺構である。

磨崖石塔群を見たあと、ロープが張られた急登が控えている。これを登ると高橋紹運墓所に出る。

分で到着する。公園ふうに整備されており、展望も申し分なし。

岩屋山から取って返し、山道を抜けていったん車道

植林帯の中に続く急な階段を下ると、舗装林道に下り立つ。道なりに南へ進む。

観光地の高原を思わせる焼米ヶ原。樹林に包まれたさわやかな草原はいつ訪れても清々しい気持ちになる。

舗装林道をショートカットしたあと、「１番石仏へ」の道標に従って登り返す。

水瓶山分岐は、焼米ヶ原からすぐの所にある。ここから右へ下ると植林になる。

に下る。再び山道に取りついて登りきった所が馬責めだ。道なりに右方向へ進み、間もなく土塁（稜線）に行き当たって右折。

土塁上の道は硬く踏まれ、さながら樹林に包まれたプロムナード。いつ歩いても心地よい。のんびりたどって鏡ヶ池、増長天礎石群を抜け、車道に下れば焼米ヶ原に到着である。

小休止したあと、大原山方面に進むとすぐに右へ下る分岐がある。ここが水瓶山への下降点。取りつくと周囲は植林に変わり、急な階段を15分ほど下れば舗装林道に出る。数分歩き、1番札所（石仏）を示す道標に従って舗装林道をショートカットし、登り返しに出合えば水瓶山はすぐそこである。

水瓶山は尾根上の小ピークで、東屋と白いコンクリート製の覆屋が目印。古来、雨乞行事が行われた地といわれ、覆屋の中には梵字で曼荼羅《まんだら》が書かれた板碑《いたび》が保存されている。

水瓶山から先も急な下りは続き、黒岩稲荷神社の先で砂防ダムの堆砂地を横切れば登山道は終わる。あとは市街地を歩く。特に道標やランドマークはない。地図を見ながら進もう。

政庁跡までそれなりに距離はあるが、見所は多い。太宰府天満宮に立ち寄り、観世音寺、戒壇院などを訪ねて、のんびり政庁跡へ戻ろう。

山行アドバイス

①要所に道標が整備されており、迷いやすい所はほとんどないが、強いて挙げれば馬責め付近が多少入り組んでいる。基本的に道標のない道には立ち入らないようにしよう。なお、馬責めの案内道標のすぐ先、右手にある樹林の中の小径は先で合流する。

②スタート地点を観世音寺の駐車場にする手もある。その場合、時間を幾分短縮できる。駐車場の利用は8時30分から17時30分まで。トイレ完備。

砂防ダムの堆砂地を横切れば、間もなく登山道は終わる。正面に見えるのは宝満山と愛嶽山だ。

水瓶山山頂。東屋の奥に白い覆屋が見える。ここもまた四王寺山の歴史ロマンを留める場所だ。

11　大宰府政庁跡から岩屋山〜水瓶山／岩屋谷道・九州自然歩道　［周回］

山行データ		
	標高	岩屋山＝281m 水瓶山＝212.1m
	単純標高差	約 250m
	歩行時間の目安	約 3 時間
	緯度経度 （スタート地点）	33 度 30 分 48.07 秒 130 度 30 分 52.87 秒
	MAPCODE®	55 332 180*17

■参考タイム

大宰府政庁跡〜 10 分〜テニスコート〜 20 分〜岩屋谷道入り口〜 15 分〜高橋紹運墓所〜 5 分〜岩屋山〜 15 分〜焼米ヶ原〜 10 分〜水瓶山分岐〜25 分〜水瓶山〜 15 分〜登山道終点〜 20 分〜太宰府天満宮〜 35 分〜観世音寺〜10 分〜大宰府政庁跡（往路＝1 時間 40 分／復路＝1 時間 20 分）

■関係市町村

太宰府市観光推進課＝092（921）2121（代表）
太宰府市観光協会＝092（925）1899

12
★
周回

大宰府政庁から大城山／クルマミチ・九州自然歩道

知られざるクルマミチをたどり、静かにたたずむ大城山へ！

大宰府政庁跡から四王寺山の最高峰、大城《おおき》山を目指す場合、九州自然歩道が通る坂本谷道（途中に大石垣がある）を土塁まで詰め上がり、往復するのが一般的のようだ。

しかしながら、この谷のすぐ西の尾根にもあまり知られていない自然林の中を気持ちよく歩ける道が通っている。公益財団法人古都大宰府保存協会が発行する四王寺山史跡マップに「クルマミチ」として紹介されている道で、これを登って大城山に至り、復路に九州自然歩道を下る周回ルートを紹介しよう。

まずは、大宰府政庁跡から西側の市道を北上し、途中にある坂本八幡宮を左手に見て四王寺山を目指す。車道歩きだが、九州自然歩道を示す道標があり、迷うことはない。

里山感たっぷりの景色の中、舗装路を詰めると、やがて車止めゲートのある三差路に出合う。「九州自然歩道／大野城跡（大石垣）」の案内に従って左の林道へ。これをそのままたどれば、九州自然歩道の坂本谷道に続くが、最初のヘアピンカーブ地点で前方の斜面を注意深く見ると、踏み跡と色褪せたテープに気づく。道標はなく、分かりにくいけれど、ここがクルマミチの最初の取りつき点である。

分からない場合は、さらに林道を登ったカーブにあるガードレールの切れめからも入山できる。取りつき点の目印としては、こちらのガードレールのほうが分かりやすいかもしれない。

さて、このクルマミチは国土地理院発行の2万5千分の1地形図にも尾根を直登する破線がある。だが、実際の状況は少し異なる。まるで直登を避けるかのように尾根の背を左右に蛇行しており、地形図から想像するより勾配は緩い。

しかも、作業道の名残かと思えるほど幅員があり、溝状に凹んだ区間も多い。名前の由来は不明だが、もしかしたらかつて荷車の通り道だったのでは？ そんな想像をかき立てる道だ。

蛇行してはいるが、分岐のない一本道だから、迷わず登って行ける。自然林のトンネル中をゆっくり歩いて約1時間。旧文部省の境界標に出合えば、ひと上りで土塁に達し、29番石仏のそばに出る。

二番目のクルマミチ取りつき点。ガードレールが切れた所から左へ入る。

坂本八幡宮の先の三差路に立つ道標。「四王寺山頂」の道標に従って右へ進む。

自然林のトンネルが続くクルマミチ。溝状のえぐれた踏み跡が多い。

クルマミチの最初の取りつき点。車止めゲートのある三差路から左の林道に入ったヘアピンカーブが目印。道標はない。

九州自然歩道が通る坂本谷道は昔から知られているが、その西隣のクルマミチを歩く人は少ない。自然林の多い素敵な尾根道である。

土塁（稜線）合流点。そばに 29 番石仏がおわす。ここから左を取って大城山へ。

ここから左を取り、大城山へ向かう。道は緩やかな上り。溝状にえぐれた所を抜けたあと、水城口城門跡や大城自然の宝道など幾つか分岐はあるが、忠実に土塁をたどれば、やがて石の鳥居が見えてくる。その右上が毘沙門《びしゃもん》堂である。

周囲は静寂の森で、心落ち着く場所である。その中に普段はひっそりとたたず

緩やかな上りが終わり、踏み跡が平らになると、やがて前方に石の鳥居が見えてくる。毘沙門堂は右上。

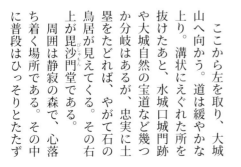

九州自然歩道の通る坂本谷道への下降点。このプレートのほか、焼米ヶ原方面から歩くと「大石垣」の立派な道標もある。

樹林に包まれた大城山山頂の二等三角点。いつ訪れても寂寥感にも似た空気が漂っている。

坂本の大石垣。樹木が育ってヤブ化し、全貌は見えなくなってしまった。

坂本谷道の下り。大石垣の下部まで鬱蒼とした自然林の中をたどる。

ケルンが積んである地点で分岐に出合う。左上は巻き道。右の道も問題なく歩ける。

む毘沙門堂だが、毎年1月3日には四王寺毘沙門詣り（宇美町指定無形民俗文化財）が行われ、多くの参拝客で賑うという。

案内板によると、早朝から午前中にかけて参拝者がお堂の前に置かれたお盆から賽銭を借りて帰り、翌年の参拝時に倍の額を返し、また新たに賽銭を借りて帰るというもの。これによって一年間お金に不自由しないと伝えられる。江戸時代の終わりごろから続く伝統行事だそうである。

大城山山頂は、毘沙門堂のそばの樹林の中にある。二等三角点と山頂標識がなければ、見逃してしまいそうなこんもりとしたピークだが、周囲には鎮守の森の大木が点在し、渋い味わいがある。

復路は往路を29番石仏まで戻り、そこからさらに5分ほど東に進んだ地点から坂本谷道を下る。「政庁跡55分」の小さな黄色いプレートが目印だ。

下り始めはやや急勾配だが、道はしっかりしている。15分ほど下ると、大野城跡大石垣の案内板に出合う。実際の大石垣は少し下った所にあり、ヤブに覆われて見えにくくなっているが、案内板から一段下がった所で右後ろを振り返れば、高さ7メートルほどの石垣を見ることができる。その先も沢伝いに下り、沢を右手下に見下ろすころ、幅員のある植林の道に変わる。

途中のケルンの分岐はどちらを取っても構わない。左上の道は、右の道が通行止めだった際の巻き道で、いったん登って丸太のステップを急降下する。ここは素直に右を取るといい。

登山道が林道に変われば、車止めゲートの三差路はもうすぐである。

山行アドバイス

①クルマミチは、落ち葉が厚く積もり、踏み跡が見分けづらい区間がある。歩く人も少ないため、目印などをしっかり確認しながら歩を進めよう。

②歩き足りない場合は、大城山から県民の森へ下り、もみじ谷を登り返すのもいい。体力に応じて多彩なルートを組めるのも四王寺山の魅力である。

大宰府政庁跡から大城山／クルマミチ・九州自然歩道 ［周回］

山行データ		
	標高	大城山＝410.0m
	単純標高差	約 380m
	歩行時間の目安	約 2 時間 40 分
	緯度経度（スタート地点）	33 度 30 分 48.07 秒 130 度 30 分 52.87 秒
	MAPCODE®	55 332 180*17

■参考タイム

大宰府政庁跡～ 5 分～坂本八幡宮～ 10 分～クルマミチ取りつき点～ 60 分～土塁合流点～ 15 分～大城山～ 15 分～九州自然歩道下降点～ 15 分～大石垣～ 20 分～林道出合い～ 20 分～大宰府政庁跡（往路＝1 時間 30 分／復路＝1 時間 10 分）

■関係市町村

太宰府市観光推進課＝092（921）2121（代表）
太宰府市観光協会＝092（925）1899

13
★
周回

大宰府政庁跡から岩屋山〜大原山／旧九州自然歩道

低山ながら見所いっぱい！展望と歴史めぐりを楽しむ

岩屋山山頂。かつての山城跡で、今では公園ふうに整備されている。南から西の展望が開ける。

県道76号沿いにある大宰府政庁跡から四王寺山を目指す場合、ルートは西回りと東回りに大別される。また、それぞれに複数の登山道があり、さまざまなルート設定が可能。ここでは、西回りで岩屋山、大原山《おおばる》の頂を踏み、東回りで周回するルートを案内しよう。

まずは駐車場から西側の市道沿いにある坂本八幡宮を目指す。政庁跡の敷地を突っ切ってもいいし、市道をたどってもいい。周辺は早春のウメ、春のサクラ、初夏のアジサイと花の道の風情がある。ちなみに、坂本八幡宮は元号「令和」のゆかりの地。新元号になって一躍脚光を浴びたことは記憶に新しい。

参拝後、そのまま道なりに北上し、小さな集落を抜けて緩く登ると、やがて道標と車止めのゲートのある三差路に出合う。「九州自然歩道／大野城跡（大石垣）」の道標に従って左を取る。

実は、この周辺から三本の登山道が稜線に向かって延びており、少々説明が必要だ。林道を少し登った最初のカーブの先に尾根道の入り口がある（道標なし）。それを見送り、直進すること数分で、右手に「岩屋城跡」を示す道標を見る。その先にもう一つ分岐があり、右手に大石垣を経由する谷道への入り口がある。

従来、九州自然歩道はこの大石垣のある谷道を通っていたが、2003年の豪雨災害によって数年間通行できなかった。そのための巻き道が一つ手前の登山道で、こちらは高橋紹運《じょううん》墓所を経由して岩屋山へ続く。どちらの分岐にも九州自然歩道の道標があるのは、そういう事情による。

尾根道と谷道は直接稜線へ出るが、岩屋山に登るには「岩屋城跡」の道標から右折する。緩く登ってトラバースしたあと、岩屋谷へ下って橋を渡る。すぐ太宰府市民の森から上がってき

坂本八幡宮から北に延びる林道を詰めてゆく。周辺には里山の風情が残っている。

大宰府政庁跡の無料駐車場。休日ともなると満車になることも珍しくない。

車止めゲートがある林道三差路。左を取って簡易舗装の道をたどる。

令和になって一躍脚光を浴びた坂本八幡宮。大伴旅人の邸宅の所在地という説がある。

道標がいろいろあって戸惑うが、岩屋城跡を目印に右折して登る。

た遊歩道「春の道」を右手に合わせる。この分岐は復路でポイントになる地点。

直進してすぐ左折し、植林の中をジグザグに登ると、平坦地に飛び出す。その右手にあるのが戦国時代の悲史を今に伝える高橋紹運墓所である。岩屋城の城主だった紹運は、北進する島津勢5万の大軍をわずか1000人足らずの兵で迎え討ち、奮闘虚しく玉砕して果てたという。

ここまでくれば岩屋山は間近。いったん車道（四王寺林道）に出てそれを横切り、向かい側にある登山道に取りつく。三差路を右折し、階段を登った先の平らな小広場が山頂である。展望は抜群で、左手に宝満山、右手に脊振山系を一望する。また、周辺はサクラの名所として知られ、階段の右手斜面には群生するナルコユリやサイヨウシャジンなども見られる。

ひと息入れたら、きた道を戻り、三差路を直進して森の中をたどる。間もなく車道に出て反対側にある山道に取りつく。緩く登って開けた地点が馬責めだ。この辺りは道が入り組み、道標のない分岐もあるが、基本的に北東方向に進めば土塁（稜線）の一角に出合う。

土塁に出たら右を取り、鏡ヶ池や増長天礎石群を見て車道に下り、これを渡れば焼米ヶ原に到着だ。駐車場、トイレ、ベンチやテーブルのある公園ふうの場所で、車でくる観光客も多い。山際に盛り上がった土塁の

岩屋谷に架かる橋を渡ると、すぐ右手から太宰府市民の森の遊歩道「春の道」を合わせる。

スギ林の中をひと上りで平坦地に出ると、右手奥に高橋紹運墓所がある。

新緑の焼米ヶ原。右手が土塁。

車道（四王寺林道）沿いにある岩屋山の取りつき点。緩く登り、すぐ右へ折れる。

馬責め手前の上り。自然林の中にスギ木立が整然と並んでいる。

メタセコイア林とトイレ。この先に車止めのゲートがあり、大宰府政庁跡は近い。

静かなたたずまいの尾花礎石群跡。焼米ヶ原のトイレの先の分岐を左に取る。

高橋紹運墓所からしっかりした踏み跡をたどり、太宰府市民の森へ下る。

こんもりとした大原山山頂は、四王寺の一つ、持国天跡である。同時に、三十三石仏めぐりの 15 番札所でもある。

上に立てば、太宰府の市街地が一望の下である。

　大原山は、焼米ヶ原からゆっくり歩いても30分ほどの距離。途中、分岐が幾つかあるが、硬く踏まれた道を北東にたどればよい。四王寺の一つ、持国天跡である山頂には、四王寺三十三石仏めぐりの15番札所として木立の下に十一面観音立像が鎮座している。

　復路は、前述したポイント、太宰府市民の森分岐まで往路を戻り、そこから左を取って遊歩道「春の森」をひたすら真っすぐ下る。庭園ふうの場所を抜け、左にトイレを見てさらに下れば、車止めのゲートに出合う。その先、市道にぶつかって右を取れば、大宰府政庁跡の北側の一角に出る。

山行アドバイス

①大宰府政庁跡の駐車場は無料だが、時間制限がある。利用できるのは、7時30分から17時30分まで。

②焼米ヶ原のトイレの北にある分岐を左に取ると、尾花礎石群跡がある。タブノキ、マテイバシイ、クスノキの大木がそびえる静かな森は居心地がいい。そのまま北進して右へ曲がれば、土塁に出る。

③太宰府市民の森の遊歩道は、東の「秋の森」、中央の「山道」、西の「春の森」に分かれ、それぞれをつなぐ間道もある。本項では、復路に「春の森」を真っすぐ下った。なお、中央の「山道」は標高60メートル付近でブッシュ化しており、それ以上南進できない。

振り返って太宰府市民の森の車止めゲートを写す。ここから民家の間を抜けて市道へ出る。

13　大宰府政庁跡から岩屋山～大原山／旧九州自然歩道　［周回］

山行データ		
標高	岩屋山＝281m 大原山＝354m	
単純標高差	約 320m	
歩行時間の目安	約 3 時間	
緯度経度 （スタート地点）	33 度 30 分 48.07 秒 130 度 30 分 52.87 秒	
MAPCODE®	55 332 180*17	

■参考タイム

大宰府政庁跡～ 5 分～坂本八幡宮～ 15 分～岩屋山分岐～ 20 分～高橋紹運墓所～ 5 分～岩屋山～ 15 分～焼米ヶ原～ 30 分～大原山～30 分～焼米ヶ原～15 分～高橋紹運墓所～ 10 分～太宰府市民の森分岐～ 35 分～大宰府政庁跡（往路＝1 時間 30 分／復路＝1 時間 30 分）

■関係市町村

太宰府市観光推進課＝092（921）2121（代表）
太宰府市観光協会＝092（925）1899

大城山山頂の東隣にある毘沙門堂。日ごろは静寂の中にたたずんでいるが、正月3日の午前中は「四王寺毘沙門詣り」の参拝客で賑わうという。

14★周回

大野城市総合公園から大城山～大原山／大野城トレイル

土塁を半周して二つのピークに立ち、裏四王寺を歩く

　大野城市総合公園は、体育館、野球場、多目的グラウンド、テニスコート、弓道場などを備えた大規模なスポーツ施設。四王寺山の西麓に位置し、大野城トレイルとして稜線（土塁）まで子ども連れでも歩ける遊歩道が整備されている。それをたどって大城《おおき》山の頂を踏み、大原《おおばる》山、もみじ谷を経て土塁を約半周するルートを案内しよう。

　多目的グラウンドのそばに広い駐車場が三面あり、どこに止めても構わない。そこから体育館の前を通り、水路横の階段を登る。いきなり長い階段が続くが、ウォーミングアップがてらゆっくり歩を進めよう。

　左手にテニスコート、弓道場を見たあとフェンスに行き当たり、ここを道なりに左へ折れると、数分で舗装林道（大城林道）に出る。取りつき点は左手にあり、「大城山登山道入口」の道標が立っている。

　ここから尾根につけられた遊歩道たどる。特徴は①階段が多い、②林道を三度横断する、③展望所が二ヵ所あるといったところだ。

　取りついてすぐは植栽されたツツジの間を登る。右手がヒノキ林に変わって間もなく、平坦な三差路に出合う。左手に東屋の立つ展望所1があり、西北西が大きく開け、脊振山系の山並みや博多湾の入り口に浮かぶ玄界島などを望む。

　この先、林道を二度横切り、じわじわ高度を上げてゆく。三度目の林道横断地点にはテーブルとベンチがある。ひと息入れたら、照葉樹林の中を登り、左手に展望所2を見る。その先、クスノキが点在する心地よい森を抜けると、植林の中に続く急で長い手すり付きの階段が見えてくる。

　それを登り、緩やかな斜面を抜けた所で稜線に出合う。右を取って進むと、もう一つ階段が控えている。大城山山頂はこれを登った先、左手のこんもりとした樹林の中である。二等三角点と山頂標識があり、奥に毘沙門堂《びしゃもんどう》がのぞく。

　毘沙門堂は、かつてこの地に置かれた四王寺（持国

樹林に包まれた大城山山頂。二等三角点がある。奥に毘沙門堂がのぞく。

毘沙門堂から焼米ヶ原方面へ土塁をたどる。道脇に史跡、展望所などがある。

大野城トレイルは階段が多い。その一つ、稜線手前の急で長い階段を登る。

大野城市総合公園の駐車場。多目的グラウンドの道路を挟んだ反対側にある。

体育館の前を横切り、右手の水路に沿って長い階段を登る。

舗装林道（大城林道）に出て左へわずかに進むと、大城山登山道入り口がある。

遠見所と呼ばれる東側の最高点、３８６ピーク。大原山よりも高く、宝満・三郡山系の見晴らしがよい。

天、広目天、増長天、多聞天《たもんてん》）の一つで、多聞天の別名である。境内はいつ訪ねても掃き清められ、清々しい空気に包まれている。周囲の照葉樹林もしっとりとした趣で心和む。

　ここから反時計回りに土塁をたどり、増長天跡、焼米ヶ原を経て東の大原山へ足を延ばす。途中、両側に幾つも分岐があり、また、史跡や展望所に通じる脇道もあるが、道標に従って土塁の上を忠実になぞれば迷うことはない。

　ぜひ立ち寄りたいのが焼米ヶ原と大原山の間にある３６８ピーク。遠見所と呼ばれる大原山よりも高い東側の最高点だが、知る人は少ない。目印は四王寺三十三石仏10番札所で、その手前から左へすぐでピークに立てる。宝満・三郡山系の頭巾山から若杉山にかけての展望が広がる。

　その北側直下に村上礎石群分岐があり、大原山から引き返したあと、ここで右折して県民の森へ下る。ほぼ平坦な樹林の道が続いたあと、わずかに登り返した草付きの小広場が村上礎石建物跡で、案内板が立っている。ここもまた訪れる人の少ない場所だ。

　その前を直進すると、農道に下り立つ。左折して進み、左手に畑を見て下ると、道標の立つ林道三差路に出合う。左を取って下り、民家の間を抜けると四王寺林道に飛び出す。ここから右へ数分の所に県民の森の入り口がある。広い駐車場を

大原山山頂から取って返し、386 ピークの手前にある村上礎石分岐から右折して県民の森を目指す。

抜けて休憩舎、トイレ、自販機のあるセンターでひと息入れよう。

　復路は、トイレの脇にある「猫坂礎石群」の道標に従って遊歩道を南へ。すぐ分岐で、どちらにも「猫坂礎石群」の道標があるが、左は土塁への最短ルート。もみじ谷を経由するには直進する。小さな沢に沿って進むと、右下に湿地を見る。その先の分岐を右へ下り、橋を渡って林道に出る。この分岐に道標はない。左手奥に展望所が見えたら行きすぎと覚えておこう。

　林道に出たら、「もみじ谷」の道標を確認して直進。その後、幾つか分岐があるが、道標に従ってもみじ谷を目指せばよい。もみじ谷は県民の森で最も大きな谷で、大城林道と土塁を結ぶ遊歩道が整備され、沢に沿ってモミジが植えられている。植林の多い周辺にあっては、異色の好スポット。新緑や紅葉の季節は特におすすめである。

　散策を楽しんだら、南西へ沢を詰めれば、間もなく土塁に出る。右を取って毘沙門堂の前を通り、往路で歩いた大野城トレイルを下ろう。

山行アドバイス

①大城山から先は、さまざまなルート設定が可能。大原山まで長いと感じたら、無理をせず焼米ヶ原辺りで引き返そう。時計回りのルートとして毘沙門堂の南から県民の森センターへ下り、もみじ谷を詰め上がって周回する手もある。このとき、音楽堂方向へ下るとかなり遠回りになる。「センター」の道標を確認のこと。

②県民の森センターから複数の遊歩道や林道が延びており、数の多さに戸惑うほどだ。だが、要所に道標が整備されており、それを確認して歩けば迷う心配はない。センターから大城山へ戻るには、なにはともあれ土塁を目指すことである。

四王寺林道に出て右を取ると、すぐ先左手に県民の森入り口がある。

もみじ谷へ続く道。周辺は歩く人が少なく、「裏四王寺山」といった雰囲気が漂う。小石を敷き詰めた所もあり、静かな山歩きを楽しめる。

トイレに向かって右手の遊歩道を進む。手前の道標はやり過ごし、直進して沢沿いを進む。

もみじ谷合流点。左右の沢沿いにモミジの並木があり、新緑、紅葉の時季は格別だ。ここから左へ沢を登れば土塁に出る。

谷へ下る右折地点。ここには道標も目印もない。直進すると尾根に乗り、左手奥に展望台が見える。そこまで進むと行きすぎだ。

14 大野城市総合公園から大城山〜大原山／大野城トレイル ［周回］

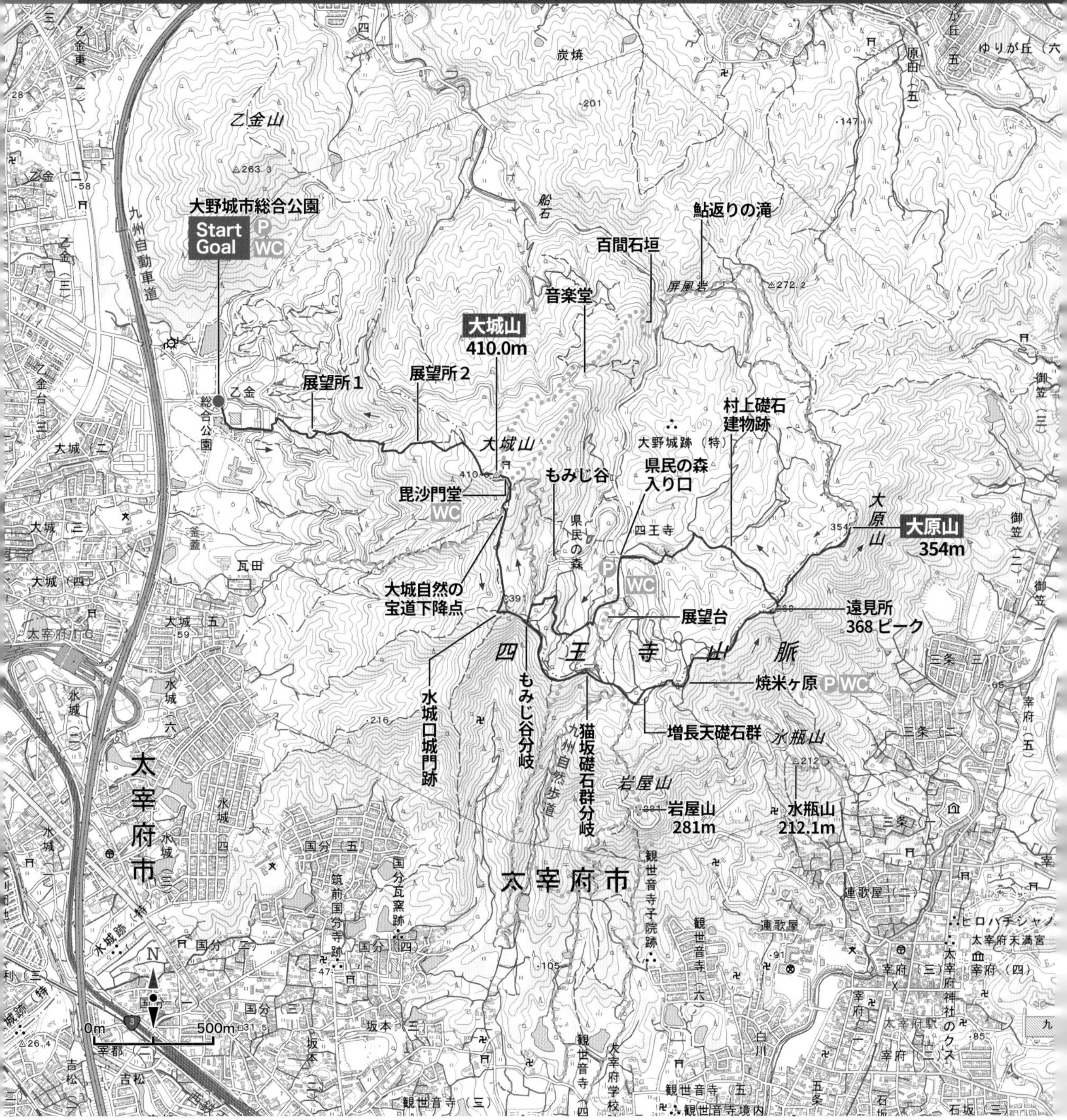

山行データ		
	標高	大城山＝410.0m 大原山＝354m
	単純標高差	約 340m
	歩行時間の目安	約 4 時間 15 分
	緯度経度 （スタート地点）	33 度 32 分 26.28 秒 130 度 30 分 6.39 秒
	MAPCODE®	55 420 407*23

■参考タイム

大野城市総合公園〜 15 分〜展望所１〜 15 分〜展望所２〜 30 分〜大城山〜 35 分〜焼米ヶ原〜 30 分〜大原山〜 25 分〜村上礎石建物跡〜20 分〜県民の森入り口〜20 分〜もみじ谷分岐〜 15 分〜毘沙門堂〜 50 分〜大野城市総合公園（往路＝2 時間 5 分／復路＝2 時間 10 分）

■関係市町村

大野城市教育部スポーツ課＝092（580）1914
四王寺県民の森センター＝092（932）7373

15
★★
周回

四王寺県民の森から大城山〜大原山／土塁めぐり

四王寺山の中核を成す悠久の歴史的遺構をめぐる

かつて「大野城」と呼ばれた四王寺山は、日本初の朝鮮式山城といわれ、「大野城跡」として国の特別史跡に指定されている。築城は665年。古代日本の国家的な事業の跡が千三百年余のときの流れを経て今に残っているわけで、そのこと自体に驚きを禁じ得ない。

その「大野城」の構造的な特徴として真っ先に思い浮かぶのは、なんといっても稜線に沿って築かれた土塁の存在である。四王寺山の全体像を把握するには、これを一周するに限る。悠久の歴史に思いを馳せながら、総延長約8キロに及ぶ土塁をできるだけ忠実になぞってみよう。

スタート地点は、山麓の各登山口でも構わないが、土塁をめぐる場合は焼米ヶ原から歩き始めるのが一般的である。歩行時間を少なくとも二、三時間短縮できるからだ。

ただし、焼米ヶ原は観光客も多数訪れるため、駐車

百間石垣。稜線沿いの土塁とともに大野城の中核をなす遺構が石垣だ。ここでしか見られない圧巻の眺めである。

場が満車になることも珍しくない。そこで、広い駐車場のある四王寺県民の森からスタートする。ただし、開門が9時という点は頭に入れておきたい。

　歩き始めの目印は、休憩舎そばのトイレの右脇にある「猫坂礎石群」を示す道標だ。これに従って石畳をたどると、すぐに二手に分かれる。両方向に「猫坂礎石群」の道標があって迷うが、どちらを取っても先で合流する。直進は尾根を巻く谷ルート、左は尾根を直登して展望台を経由する。

　展望台に出て南へ下り、右手に谷ルートを合わせて真っすぐ進むと、左手に猫坂礎石群と思しき場所が二ヵ所ある。だが、なぜか案内板等はない。そのまま道なりに進んだ三差路が土塁との合流点。「猫坂礎石群・センター」の道標がある。

　右を取って、まずは毘沙《びしゃ》門《もん》堂、大城《おおき》山を目指す。溝状にえぐれた道を抜け、もみじ谷への分岐を右手にやり過ごす。その先にも水城口城門跡、26番石仏の展望所といったランドマークが続く。土塁の道は硬く踏まれ、安心して歩ける。

　心地よい水平道を通り、緩く登った所に大野城自然の宝道の分岐を見る。その先でスギ木立が整然と並ぶ水平道に変わり、間もなく前方に石の鳥居が見えてくる。鳥居をくぐり、ひと上りで毘沙門堂へ。静寂に包まれた境内は、いつもきれいに掃き清められている。

　大城山山頂は、そこからすぐのこんもりとした森の中にある。ここで小休止とし、地図やGPSアプリを確認しよう。というのも、毘沙門堂・大城山周辺は、数本の道が集まる重要な分岐点だから。

　東から順に説明すると、「センター」の道標がある道は、もみじ谷を経て県民の森へ通じている。その隣の「音楽堂」の道標がある道は、音楽堂へ下る尾根道。その次は毘沙門堂と大城山の間にある踏み跡で、道標はない。最後は、石の鳥居の前から西へ続く大野城トレイ

四王寺県民の森。右に休憩舎、左にトイレ。この手前にも広い駐車場がある。

トイレの右脇に立つ「猫坂礎石群」を示す道標。石畳をたどり、すぐの分岐を左へ。

展望台へ向かって尾根を直登する。この道は国土地理院の地形図にない。展望台は右手上にある。

土塁合流点。展望台から下って道なりに進むと、土塁に出合う。そこには「猫坂礎石群・センター」の道標が立っている。

展望所のそばにおわす 26 番石仏。大城山へ至るランドマークの一つである。

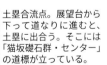

毘沙門堂と大城山の間にある踏み跡を下る。これが土塁上の道だ。ほぼ植林だが、コガクウツギやヤブムラサキが目立つ。

谷へ下り、奥に見える橋を渡って登り返す。

四王寺山の最高峰、大城山。盛り土をしたようなこんもりとしたピークである。二等三角点がある。

ルである。

二番目と三番目は音楽堂で合流する。どちらかといえば、二番目の尾根道のほうがなだらかである。だが、土塁を忠実になぞるには三番目を下る。あまり歩かれていない印象だが、道はしっかりしている。

スギ林の中、コガクウツギなどを見ながらぐんぐん下り、いったん谷へ出る。小さな木橋を渡って緩く登り返すと、やがて右手下に舗装路とトイレが見えてくる。踏み跡は途中で二手に分かれるが、どちらを取っても舗装路に下り立ち、右手に音楽堂を見る。

この時点で全行程の約三分の一を歩いた計算だ。ここから舗装路のカーブ地点に立つ「百間石垣」の道標に従って長い尾根を下る。

余談ながら、音楽堂から百間石垣の下を通る四王寺林道まで標高差は約１２０メートル。このエリアを上りで使うか、下りにするかが右回り・左回りの判断のポイントだ。上りはけっこう骨が折れる。そのため、本稿では右回りとした次第である。

最初はなだらかだった尾根道は、隠れピークを越えると次第に急になる。百間石垣の手前にはロープの急傾斜もある。

下り立った平坦地は石垣の上で、左手にたもとへ下る急な木段が設置されている。かつては、たもとから上部を通る道と合流するトラバース道があったが、今は草に埋もれ、一部崩壊箇所もある。ここは石垣の上の明瞭な踏み跡をたどり、左手に回り込んで下るほうが安全である。

四王寺林道を目前にするころ、後ろを振り仰げば巨大な百間石垣の全貌を目の当たりにする。古代にこれだけの建造物を構築する権力と技術があったことに驚嘆するほかない。

その威容をしばし眺めたら、四王寺林道を北へ数分歩いて鮎返りの滝へ。右手に車止めゲートがあり、橋

舗装路のカーブ地点にある百間石垣への下降点。この右手に音楽堂がある。

鮎返りの滝。小規模ながら独特の雰囲気がある。周辺には渓流公園として一度整備されたかのような跡が残っている。メタセコイア、イロハモミジ、クヌギなどの植樹もある。

百間石垣へ向かって尾根を急降下する。左回りの場合は、これを登る必要がある。

小石垣と北石垣の分岐。里山の風情が残る心地よい場所だ。小石垣は橋を渡ってすぐの所である。

百間石垣の下り。前方に見える宇美林道から左を取り、鮎返りの滝を目指す。

小石垣。名前の通り、こぢんまりとした印象である。ルートは、左上に登り、小石垣の真上を抜ける。

を渡って舗装路を歩く。メタセコイア林を抜けると、右手に広がる草地の中に滝の下部へ出る踏み跡がある。夏~秋は草が茂ってうるさいものの、5分ほどで鮎返りの滝に到着する。

高さはさほどないが、ほとばしる水と黒い岩壁のコントラストが涼を誘う。少し戻って20番石仏の前を登れば舗装路に戻る。右手には植樹されたクヌギ林が広がり、その先で勝田方面への道を左に分ける。

見送って道なりに進むと舗装路は終わり、木橋のたもとで山道が二手に分かれている。右は北石垣を経由する道。左は小石垣《こいしがき》を経て土塁に至る。左を取り、橋を渡って登った左手に小石垣を見る。

土塁合流点はそこから樹林の中をたどって10分足らずの所。合流したら右を取

大原山山頂。平凡なピークになぜ山名が与えられたのか不思議に思われるかもしれない。それはこの地が持国天の跡だから。

小石垣と土塁を結ぶ道も気持ちよく、しかも安心して歩ける。このあと、土塁に合流して右を取る。

観光地としても知られる焼米ヶ原。左手が土塁、右手の建物はトイレである。

大原山から焼米ヶ原へ続く道は、急なアップダウンもなく楽々歩ける。野草もそこそこ見られる。写真は秋に咲くシラヤマギク。

焼米ヶ原から増長天跡を抜け、猫坂礎石群へ戻る。樹林に包まれたプロムナードは、何度歩いても心弾む。

って、大原山《おおばる》を目指す。多少のアップダウンはあるが、道は明瞭で歩きやすい。きつい上りは大原山の手前くらい。途中、道脇にはツクシタツナミソウやキッコウハグマの群生地もある。

持国天跡の大原山山頂を踏んだら、368メートルピークの遠見所を経て焼米ヶ原へ。その後、増長天跡を抜け、猫坂礎石群分岐から右を取って下れば、土塁めぐり達成である。

山行アドバイス

①四王寺県民の森は、四王寺山の中核施設。駐車場、トイレのほか、センター、休憩舎などを備えている。四王寺山に関する資料はセンターで手に入る。開門は9時と遅い。

②四王寺県民の森から土塁に向かって遊歩道や管理道が数本延びている。それらは複雑に入り組んでおり、何回か歩いても戸惑うほどだ。土塁に通じる道ならどれを歩いてもいいが、初めての場合は猫坂礎石群経由がおすすめである。

③分かりにくいのは、音楽堂への下り。土塁を忠実になぞるには毘沙門天と大城山の間の道を下る。道標はない。毘沙門堂のトイレを右手に見て北東へ進もう。

④百間石垣の下から小石垣の手前までは舗装路歩きだが、周辺には鮎返りの滝を擁すせせらぎあり、メタセコイア、イロハモミジ、クヌギ林ありと、四王寺山の中では異彩を放っている。訪れる人も少なく、石垣と滝を中心にのんびり歩くのも一興である。

15　四王寺県民の森から大城山〜大原山／土塁めぐり　［周回］

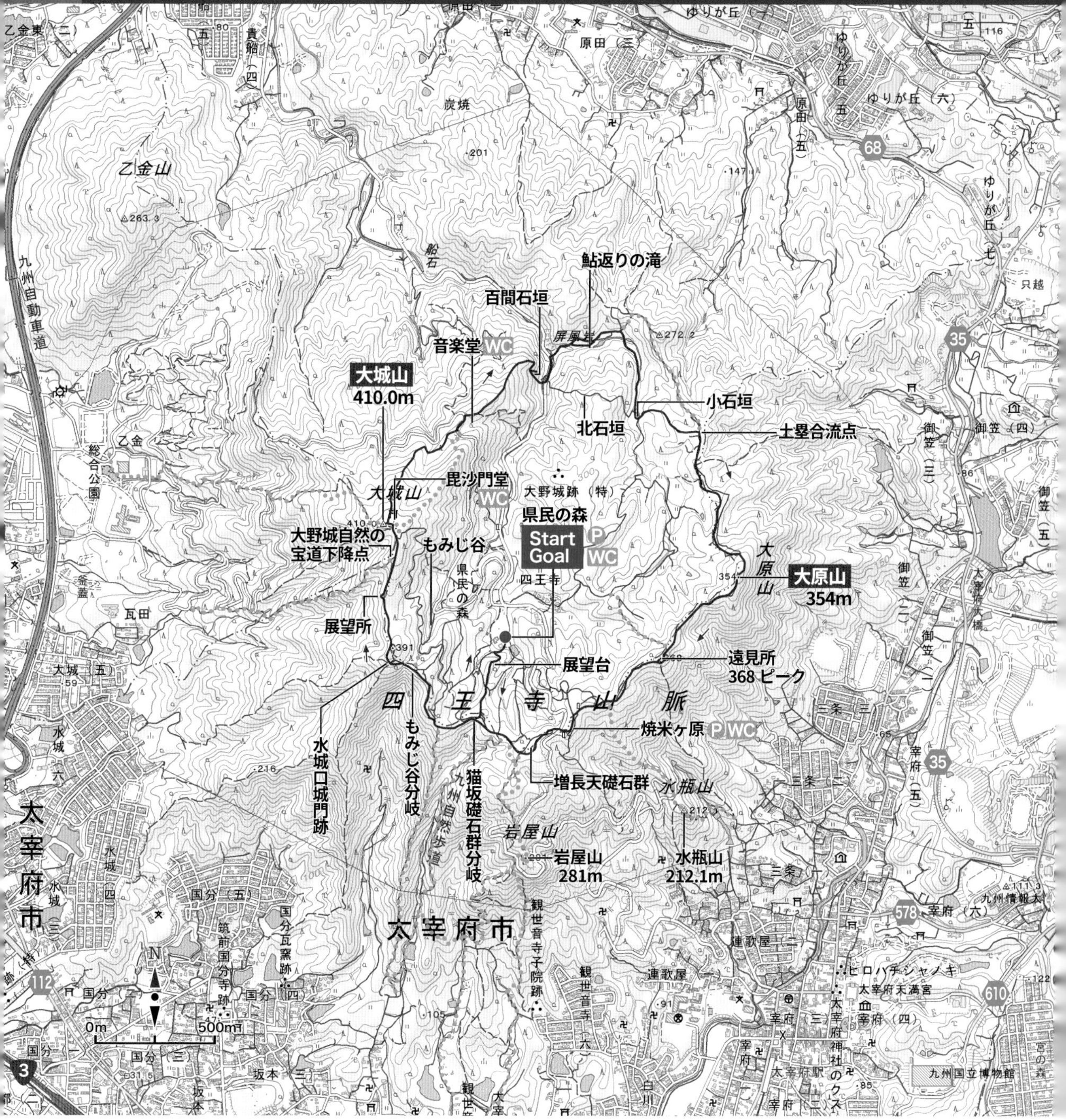

山行データ		
	標高	大城山＝410.0m 大原山＝354m
	単純標高差	約 130m
	歩行時間の目安	約 3 時間 15 分
	緯度経度 （スタート地点）	33 度 32 分 2.28 秒 130 度 31 分 9.17 秒
	MAPCODE®	55 392 617*05

■参考タイム

県民の森〜 10 分〜猫坂礎石群分岐〜 30 分〜大城山〜 25 分〜音楽堂〜 20 分〜百間石垣〜 10 分〜鮎返しの滝〜 15 分〜小石垣〜30 分〜大原山〜 30 分〜焼米ヶ原〜 15 分〜猫坂礎石群分岐〜 10 分〜県民の森（往路＝2 時間 20 分／復路＝55 分）

■関係市町村

宇美町まちづくり課商工観光係＝092（934）2370
四王寺県民の森センター＝092（932）7373

16
★★
周回

一本松公園から仏頂山〜宝満山／河原谷道・うさぎ道

樹林の美しさは格別。冬の氷瀑観賞だけではもったいない！

河原谷《ごうらだに》道は、宝満・三郡山系にあっては珍しく冬季に最も登山者が多くなる。目当ては「氷瀑の難所ヶ滝」である。正式には「河原谷の大つらら」と呼ぶそうだが、鋭く尖った大小のつららがほぼ垂直の絶壁を厚く覆う光景は、冬の風物詩として地元はもとより、九州各地からたくさんの登山者を集めている。

しかしながら、このルートの魅力は冬だけにとどまらない。歩き始めこそ植林帯が続くが、標高を上げるにつれてカエデ類やシロモジ、ブナなどから成る豊かな自然林が広がり始める。春の新緑から秋の紅葉にかけても味わい深く、季節の移ろいとともに森の彩りとその変化を楽しめる。

加えて、ヤマアジサイ、イワタバコ、オオバギボウシ、ヤブコウジといった野草に出合えるのも大きな魅力と言ってよかろう。つまるところ、四季を通じて歩いてもらいたい道。というわけで、河原谷道から難所ヶ滝を経て仏頂山〜宝満山へ周回するルートをガイドしよう。

河原谷道へのアプローチは、かつては一本松公園最上部の駐車場から草ヶ谷ダムを経由していたが、同ダムが水源であるという理由で現在は通行止めになっている。そのため、公園の中ほどに位置する一本松池横の駐車場をスタート地点とする。もしくは、猫石側バンガロー付近の駐車場から歩き始めてもいい。

林道の未舗装区間は荒れている箇所もあるが、歩く分には問題なし。途中、宇美新道入り口を右手に見送り、駐車場から約30分、「登山道入り口。大つららまで1・5㎞」の道標から本格的な山道が始まる。

しばらくは足下がややガレており、歩きにくい。谷間に続く道は昼間でも薄暗いが、沢の右岸を通る一本道である。迷う所はない。樹林の中を道なりにたどれば、40分ほどでうさぎ道分岐に出合う。ここは復路で下りてくる地点。頭に入れておこう。

道はいったん沢から離れて左手の斜面を登り、ほどなくして炭焼き窯跡がある広めのスペースに出る。腰かけられる岩もあって、小休止にちょうどいい。

そこから数分で左岸へ渡渉する。夏は冷たい沢水と渓流を吹き抜ける風が気持ちのいい場所だ。しかし、冬は濡れた岩が凍りつき、意外と渡渉に苦戦する。冬

一本松公園の中ほどにある一本松池横の駐車場。ここからスタートする。

もう一つのスタート地点候補、猫石側バンガローそばの駐車場。

宇美新道入り口を右手に見て、河原谷を詰めてゆく。

氷瀑の難所ヶ滝。つららが成長すると毎年たくさんの登山者が押し寄せ、渋滞が起きるほどである。

朝陽が射して風情たっぷりのうさぎ道分岐。炭焼き窯跡がある。復路はここに下りてくる。

渡渉して左岸へ。冬季は岩が凍りついて難儀することがある。氷瀑観賞ならアイゼンは必携だ。

大きなケルンの横を抜け、ガレ石で歩きにくい河原谷の右岸を詰めてゆく。

季は着脱が簡単なチェーンアイゼンを準備しておくと重宝する。

渡渉したあと、大つらら分岐まで約40分はだらだらとした上りが続く。渡渉前に比べて斜度が増すため、このルート一番の頑張り所である。一歩一歩、確実に標高を稼ごう。

名前の通り小規模なつららが見られる「小つらら前」の道標を見ると、大つららは近い。約5分で「難所ヶ谷・仏頂山」の道標分岐から左に取って「河原谷の大つらら」の大看板をすぎ、足場の悪い急斜面を登り切った右手に冬季に氷瀑と化す絶壁が屹立している。

ところが、夏に訪れると、滝とは名ばかりの黒く湿った崖。そのことに驚く人も多いと聞く。実は、清流ほとばしる本当の難所ヶ滝がすぐ近くにあることは案外知られていない。

入り口は、前述の大看板をすぎ、絶壁へ急登する取りつき付近にある。その辺りで左手を注意深く観察すると、薄い踏み跡があることに気づく。それに沿って進めば、次第に明瞭な道になり、数分とかからず目の前に高さ15メートル以上はある難所ヶ滝が現れる。

猛暑の夏山登山で出合う沢や滝は、一服の清涼剤としてなんとも嬉しいものである。それに加えて、難所ヶ滝にはもう一つ楽しみがある。7月末~8月初旬にかけて、滝の濡れた壁面をたくさんのイワタバコが飾るのだ。宝満・三郡山系の知られざる夏の名所。ぜひ足を運んでいただきたい。

さて、難所ヶ滝から最短で稜線に出るには、前述の道標分岐まで戻り、そのまま谷を詰め上げればよい。だが、むしろ絶壁の下を抜け、沢のそばを北東方向へ回り込むほうが楽しい。

歩行距離は長くなるものの、周囲の自然林の美しさは絶品だ。カエデ類やシロモジを主体とする森はいつ

難所ヶ滝。高さがあって見応えがある。夏場はイワタバコが岩壁を飾る。

登っても心地よく、特に新緑と紅葉の時季には見事なグラデーションで目を楽しませてくれる。

ルートは絶壁の下を通って小さな沢の脇を進み、傾斜が緩むと尾根に乗る。そこで東へ進路を変えれば、難所ヶ滝から約40分で稜線の縦走路に合流する。

左は頭巾《とっきん》山・三郡山へ。仏頂山・宝満山へは右を取る。緩やかなアップダウンを繰り返す歩きやすい道が続き、展望は利かないが、モミやブナの大木が点在する樹林のトンネルは、気持ちよく歩ける。稜線合流点から仏頂山まで約25分。仏頂山から約15分で宝満山山頂に到着する。

復路は仏頂西分岐まで戻り、うさぎ道を下る。うさぎ道は599標高点まで宇美町と太宰府市の境界尾根をたどり、そこから南西へ向きを変えて九重ヶ原へ続く。傾斜は途中から急になるものの、登山道は硬く踏まれ、蛇行していることも

巨大なつららが絶壁を覆う「河原谷の大つらら」。一見の価値ありの絶景だ。

夏場は湿った黒い壁がそそり立つだけだ。その時季にはギボウシの花が見られる。

冬に氷瀑化する絶壁への上り、ガレており、歩きにくい。冬はここで渋滞する。

難所ヶ滝のイワタバコ。透明感のある青紫が涼を誘う。

難所ヶ滝から稜線合流点にかけての樹林はことのほか美しい。季節によって彩を変えるのもいい。

石祠が鎮座する仏頂山山頂。静かな場所だ。

宝満山山頂直下の岩場。宝満山ファンにはおなじみの場所だ。ブナ林とのコントラストに心和む。

仏頂西分岐。復路はここで左に折れてうさぎ道をたどる。右は仏頂山から下ってきた道。

うさぎ道をくだる。トレースはしっかり踏まれており、気持ちよく歩ける。

宝満山山頂は展望抜群。竈門神社上宮の裏手にある岩場からキャンプセンターを見下ろす。

599 標高点。右は河原谷、左はうさぎ道、直進は宇美新道。標高 650 メートル付近の分岐を見逃した場合は、ここから右を取って河原谷へ戻ることができる。

あって歩きやすい。周囲の照葉樹は渋い輝きを放ち、数は少ないもののツクシシャクナゲもある。

　また、下り始めてほどなく、標高８３０メートル付近に宝満七窟の一つ、釜蓋窟への分岐がある。もし時間に余裕があれば、訪ねるのもいいだろう。ただし、目印はなく、ルートも非常に分かりにくい（釜蓋窟の詳細は七窟めぐりの項を参照のこと）。

　うさぎ道から河原谷道に戻るには、標高６５０メートル付近の分岐で右を取れば、15分ほどで往路のうさぎ道分岐に出合う。

　宇美新道を下る場合は、河原谷分岐で左を取ったあと、５９９標高点付近から直進する。ただし、宇美新道は急な下りが連続し、意外と手強い。単調な景色のせいか、距離的にも長く感じる。河原谷道に戻るほうが無難である。

山行アドバイス

①冬季は、積雪がなくても部分的に凍結する場合がある。氷瀑観賞登山の際は、アイゼンは必携だ。着脱が簡単なチェーンアイゼンが便利である。

②宇美新道は急斜面が続く歩きにくい道。ロープ場も多いため、初心者だけの利用は避けたほうがよい。

③稜線合流点から左を取って、頭巾山、三郡山方面へ縦走周回してもいい。その場合の復路は、頭巾尾根道か内ヶ畑Ｂがおすすめである。欅谷《つきだに》Ｂは崩壊箇所があって通行止め。同Ａは歩けるが、林道歩きが長い。

16　一本松公園から仏頂山〜宝満山／河原谷道・うさぎ道　［周回］

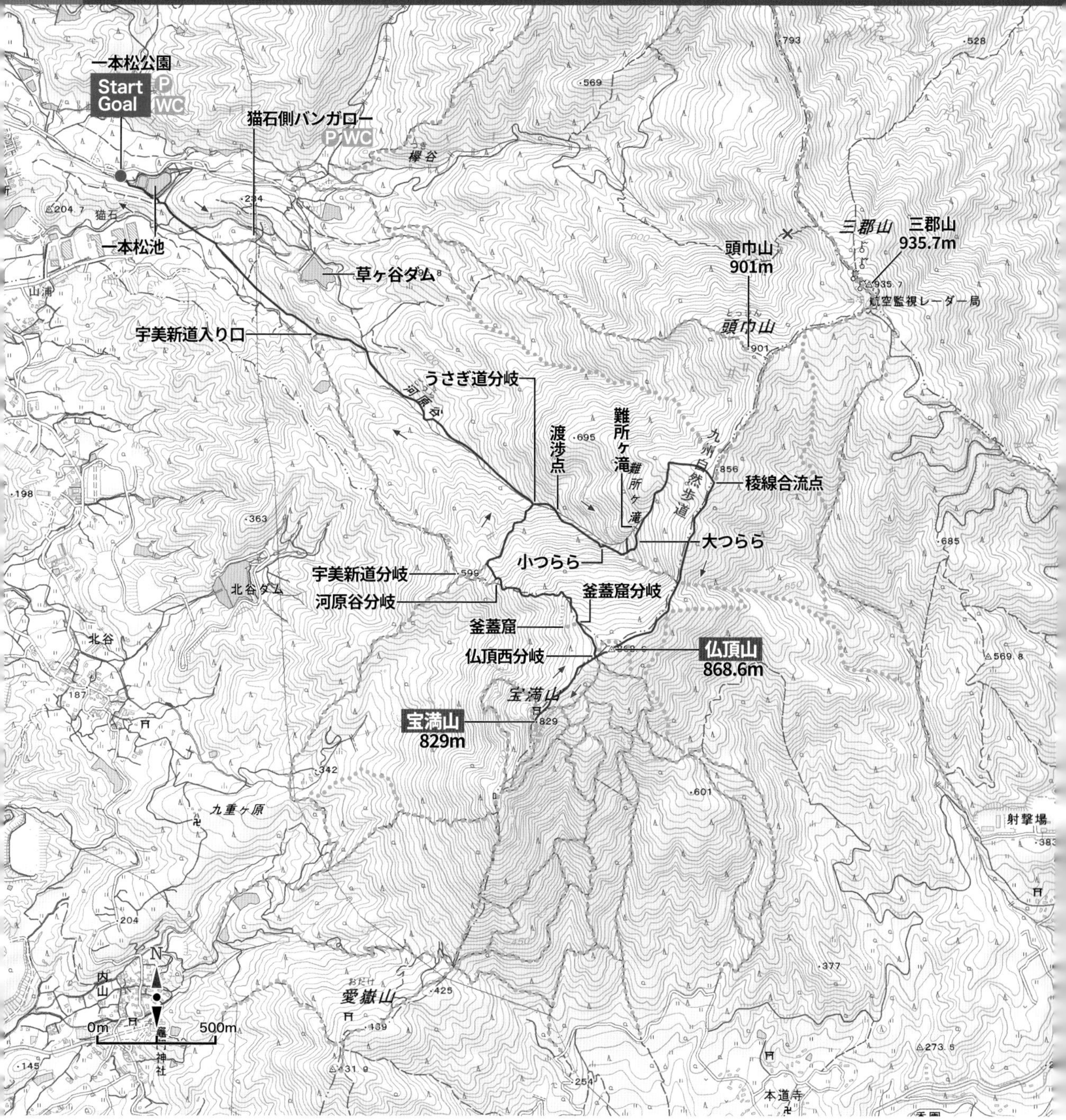

山行データ	
標高	仏頂山＝868.6m 宝満山＝829m
単純標高差	約 670m
歩行時間の目安	約 4 時間 45 分
緯度経度 （スタート地点）	33 度 33 分 34.33 秒 130 度 33 分 3.52 秒
MAPCODE®	55 486 672*80

■参考タイム

一本松公園〜 30 分〜宇美新道入り口〜 35 分〜うさぎ道分岐〜 30 分〜小つらら前〜 15 分〜難所ヶ滝〜 25 分〜稜線合流点〜 30 分〜仏頂山〜 5 分〜仏頂西分岐〜 10 分〜宝満山〜 10 分〜仏頂西分岐〜 30 分〜河原谷分岐〜 15 分〜うさぎ道分岐〜 30 分〜宇美新道入り口〜 20 分〜一本松公園（往路＝3 時間／復路＝1 時間 45 分）

■関係市町村

宇美町まちづくり課商工観光係＝092（934）2370

17
★★★
周回

一本松公園から頭巾山／だごしゃん道・頭巾尾根道

ミニ屋久島感たっぷりのマニアックな沢ルートをたどる

だごしゃん道は、秘境感たっぷりだ。屋久島を彷彿させる苔の道でもある。高度を上げるに連れて落葉樹が増え、秋の紅葉も期待できる。

「だごしゃん道」という一風変わった名前の登山道が福岡県宇美町の一本松公園から宝満・三郡山系の稜線に向かって延びている。「昭和の森」とも呼ばれる同公園は、知る人ぞ知るアウトドアの拠点。キャンプ、川遊び、バーベキューのほか、宝満・三郡山系の登山基地としても有名で、数本の登山道がある。

最もよく知られているのは、なんといっても前項で紹介した河原谷《こうらだに》道だろう。氷瀑で有名な難所ヶ滝を経由して稜線に向かうルートだ。その河原谷の北隣の谷を詰め上げるのが、だごしゃん道である。名前の由来は詳《つまび》らかではない。

登山道は整備されているとは言い難く、どちらかといえば、マニアックなアドベンチャールート。歩く人は少なく、荒れた感じが漂っており、トレースの薄い所も多々ある。それゆえ、ビギナーだけのパーティや子ども連れ、単独行はおすすめできない。

しかしながら、深い谷に懸かる滝や苔むした大岩が折り重なるさまは、さながらミニ屋久島といった雰囲気があり、山慣れた人にと

一本松公園最上部の駐車場。行楽シーズンには満車になることもある。

2020 年春に最上部の駐車場から移転して新築されたトイレ。これを右手に見て進む。

頭巾尾根道の取りつき点。最初はなだらかだが、すぐにロープ場の急登になる。

正楽寺跡。頭巾尾根道の一段下に畑のような平地がある。まず見逃すことはない。

ヤブっぽい沢を抜けて尾根に出ると平坦な疎林帯が現れる。トレースは薄い。要注意！

っては味わい深い山行きになることだろう。

取りつき点は、かつては同公園最上部の駐車場から草ヶ谷ダムへ向かう途中にあった。だが、現在、ダム周辺は立ち入り禁止。では、どうするかというと、頭巾尾根道を利用する。

最上部の駐車場から２０２０年春に新設されたトイレ方向へ進み、左手にバンガロー群を見ながら舗装路をたどること10分足らずで、右手にぽっかり口を開けた頭巾山尾根道の取りつき点がある。

入山後、最初は緩やかだ

滑滝の上部にある滝を写す。特に名前はないが、滑滝とひと続きになっており、「長滝」という名前がぴったりである。

疎林帯にある私標。ここから直角気味に右折して右手（南）の谷へ下る。

ランドマークの一つ、砂防堤。このすぐ上流を左岸に渡渉する。

標高約 460 メートル付近。苔むした岩が多くなり、トレースも不明瞭になる。

が、間もなくロープが張られた急登に変わる。これをクリアして傾斜が緩むと、右手下に畑の跡のような平地が現れる。道標はないが、ここがだごしゃん道との接続点である。ちなみに、ここはかつて正楽寺があった場所といわれている。だが、今はスギ木立に埋もれ、面影もない。

　この平地から東へヤブっぽい沢を詰め、間もなく左岸へ渡渉。倒木帯を抜けて左手に炭焼き窯跡を見たあと、平らな尾根に乗る。疎林の中、南東方向へ微かな踏み跡を慎重にたどれば、「旧頭巾山／だごしゃん・大滝」という私標のある分岐に差しかかる。左は頭巾山直登ルートに接続する道で、２万５０００分の１地形図にも記載があるが、トレースはごく薄い。

　ここは直角気味に右へ曲がって谷へ下り、右手に砂防堤を見る。この砂防堤は序盤のランドマークの一つ。しっかり確認しよう。そのすぐ上部で左岸に渡渉し、群生するツクシミカエリソウの中の踏み跡をたどる。周囲は鬱蒼とした自然林に変わり、足下には苔むした岩が増える。この辺りから大滝までがだごしゃん道の核心部である。

　右手にそそり立つ岩の壁を見て進むと、やがて左手

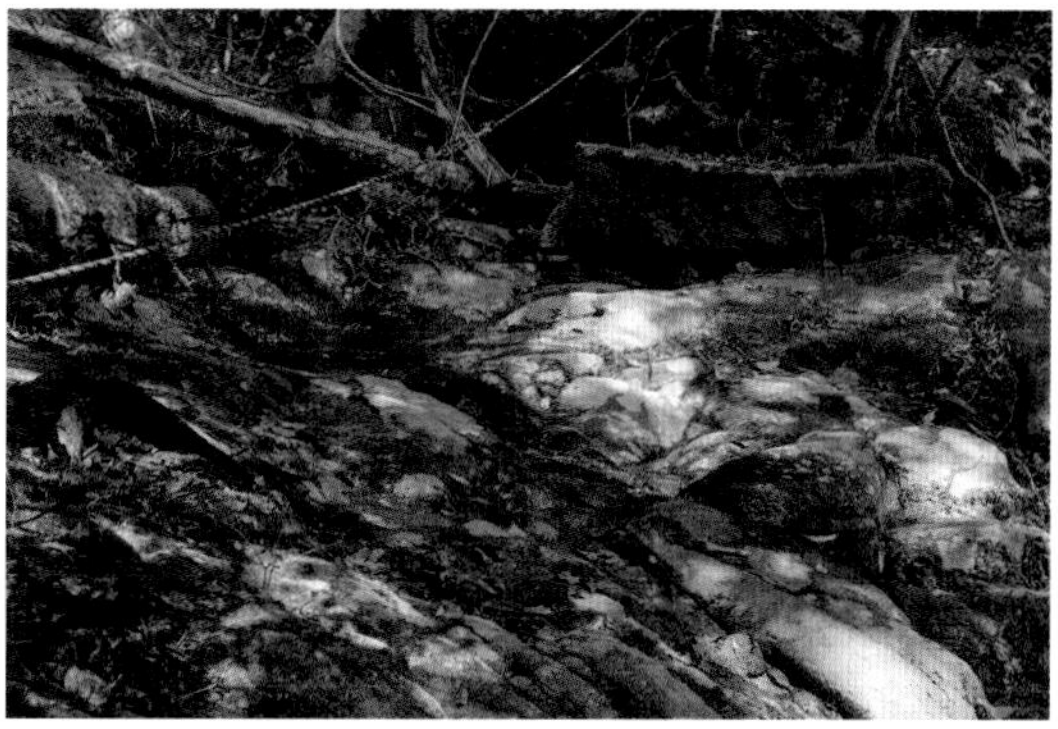

大滝の下部の渡渉点。足下が濡れているときは、ロープの助けを借りよう。ちなみに、大滝に滝壺はない。

岩を縫って続く登山道。トレースのはっきりしない所と明瞭な所が交互に現れる。目印も少なく、大滝まで慎重に行動のこと。

大滝を見上げる。高さはあるが、水量に乏しく、名前からするともの足りない。

樹林に覆われた谷を苔むした大小の岩が埋め尽くす。緑一色の世界にしばしば立ち尽くす。

沢から尾根への胸突き八丁の急登。ここが最大の正念場で、蛇行してつけられているものの、トレースは薄い。

に滑滝《なめたき》が現れる。滑滝は上部にある滝とひと続き。それゆえ、「これが大滝？」と思わせるが、大滝はまだずっと上流の標高約650メートル地点である。

左手下に滝壺を見たあと、いったん沢から離れて滝を巻くと、右手に垂直の岩壁が現れ、前方には岩をつかんでそびえるカエデが控えている。落葉樹が多く、秋には紅葉が楽しめる所だ。

その先、右手に再び垂直の岩壁があり、その直下を通過する。この岩壁は、宝満山山頂の稚児落としを彷彿させる。左手の沢は、ひと抱えはありそうな岩で埋め尽くされ、苔の緑と相まってミニ屋久島の様相を呈する。当然ながら踏み跡は不明瞭。ケヤキの大木を見て慎重に右岸に移る。

左手に巨岩を見た先に炭焼き窯跡があり、その先から岩を縫って左岸へ向かうと、ようやく大滝の直下に出る。滝壺はなく、足下は平らだが、濡れているときは滑る。張られているロープの助けを借りよう。見上げる大滝は高さこそあるものの、水量は乏しい。

ひと息入れたら、沢から尾根へ取りつく。植林の中の急斜面の上りで、ここが胸突き八丁の正念場。微かな踏み跡が蛇行気味についているものの、この上りは相当きつい。足下は硬く踏まれているとは言い難く、足を滑らせないよう注意が必要だ。

傾斜が次第に緩んだら尾根に乗り、ブナやツクシシャクナゲが点在する自然林に変わる。コガクウツギやコツクバネウツギも多い。

頭巾山分岐。直進すれば三郡山へ。左折し、緩やかなアップダウンを経て山頂に至る。

話題に上ることは少ないが、宝満・三郡山系の稜線にはコツクバネウツギが多い。コバノミツバツツジが終わったあとの主役と言っていい。

山頂から下る途中にある岩場。左へ巻いて進む。一本松公園までトレースは明瞭である。

頭巾山山頂。周辺は戦国時代の山城跡とか。展望は利かないが、樹林は美しく、ツクシシャクナゲやコバノミツバツツジも点在する。

ここまでくれば、稜線まであとひと息。

　稜線に合流したら、左を取って頭巾山を目指す。幅員のある道は歩きやすく、周囲の樹林は四季折々に色を変え、いつ訪れても心弾む。コバノミツバツツジやブナが点在する樹林の道をたどること20分ほどで頭巾山分岐の三差路に出合い、左へ折れる。

　道なりに進み、いったん緩く下って登り返した所が頭巾山の山頂だ。狭く、そのうえ展望もないが、5月初旬ごろにはツクシシャクナゲやコバノミツバツツジの花を楽しめる。

　ひと息入れたら、下山にかかろう。基本的には尾根の一本道だが、下り始めて間もなく岩場を左（南）へ巻く所がある。続いて、ロープの張られた急傾斜が控えている。これをクリアすると、ぽつんとブナの大木を一本見る。

　以後は、所々に急な下りはあるものの登山道は明瞭で、しかも蛇行してつけられている。頭巾山山頂から一本松公園までいささか距離は長いが、照葉樹と落葉樹が織り成す味わい深い混交林の中、さほど苦労することなく歩ける。

山行アドバイス

①だごしゃん道は危険箇所こそないが、トレースは薄く、山慣れしたベテラン向き。道標も私標のみで、数も少ない。単独行やビギナーだけの入山は控えよう。コンパス、地図、GPSの携行は必須である。

②だごしゃん道を下りで使うのは危険。それもあって、稜線との合流点にだごしゃん道を示す道標はない。

③大滝の水量はさほど多くないが、梅雨時など雨後の増水時の渡渉は要注意。

④頭巾尾根道の下りは、途中に岩場を巻く所や長くて急なロープ場がある。慌てずに足下を確かめて慎重に下ろう。

17　一本松公園から頭巾山／だごしゃん道・頭巾尾根道　［周回］

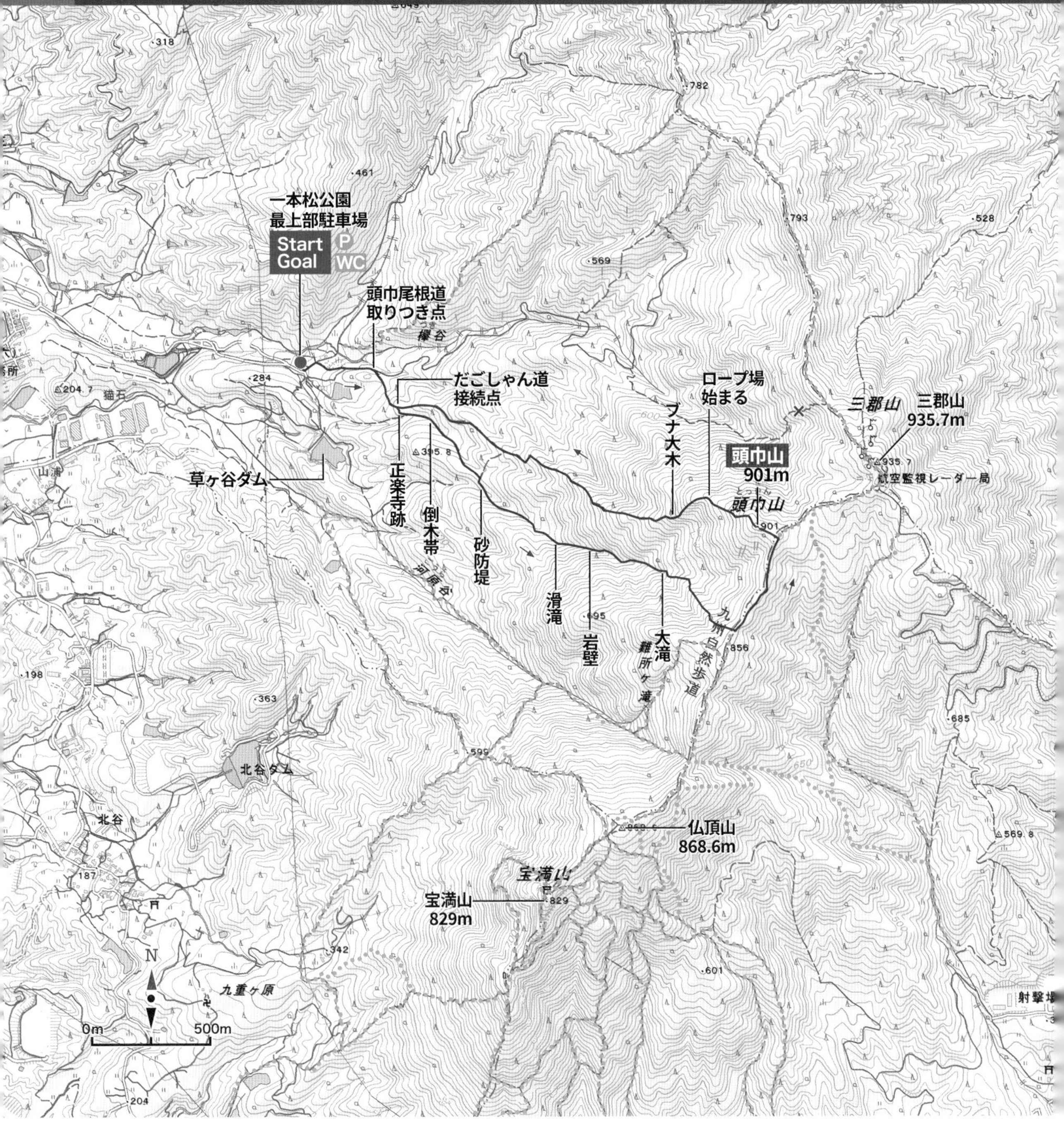

山行データ		
	標高	頭巾山＝901m
	単純標高差	約 630m
	歩行時間の目安	約 3 時間 55 分
	緯度経度（スタート地点）	33 度 33 分 32.10 秒 130 度 33 分 29.84 秒
	MAPCODE®	55 487 607*47

■参考タイム

一本松公園（最上部駐車場）～ 5 分～頭巾尾根道取りつき点～ 5 分～だごしゃん道接続点～ 20 分～砂防堤～ 25 分～滑滝～ 35 分～大滝下渡渉点～ 30 分～稜線合流点～15 分～頭巾山分岐～5 分～頭巾山～ 20 分～ブナ大木～ 65 分～だごしゃん道接続点～ 10 分～一本松公園（往路＝2 時間 20 分／復路＝1 時間 35 分）

■関係市町村

宇美町まちづくり課商工観光係＝092（934）2370

18
★★
周回

一本松公園から頭巾山〜三郡山／頭巾尾根道・内ヶ畑 B

自然林に包まれた周回路は、思わず深呼吸したくなる心地よさ

コバノミツバツツジが頭上を彩る頭巾山山頂手前の樹林帯をゆく。周辺には、数は多くないものの、ツクシシャクナゲもある。

福岡県宇美町の一本松公園については、前項で述べた。ここでは、同公園から尾根を直登して頭巾《とっきん》山に登り、宝満・三郡山系の最高峰、三郡山へ縦走して周回する道程を案内しよう。

東西に長い同公園には幾つか駐車場があるが、頭巾山への取りつき点に最も近いのは、バンガロー群下の最上部の駐車場である。ここから舗装路を東へ進み、すぐの三差路は右を取る。右に三角屋根のトイレ、左にバンガロー群を見て登ってゆく格好だ。

駐車場から5分ほどで右手にある取りつき点に出合う。頭巾山を示す道標が立

っているから見過ごすことはない。入山後、浅い谷間をすぎると、植林の中、いきなり急登が控えている。ロープを頼りに20メートルほど登れば自然林に変わり、平らな尾根に乗る。以後、山頂まで尾根の一本道。迷う所はない。

ほどなくして右手下に見える畑のような平坦地は、正楽寺跡。だごしゃん道との接続点である。それを見送って道なりに進み、冬でも青々とした照葉樹の中をのんびりたどろう。硬く踏まれた足下にはギンリョウソウが多く、5初旬ごろから白馬の群れのような花が点在する。

登山道は緩やかに蛇行しながらじわじわ高度を上げてゆくが、標高550メートル辺りから傾斜は急になる。いささか骨が折れるものの、所々に平らな場所がある。息が上がらないよう適宜休憩を挟みつつ、ゆっくり登るといい。とりわけアカマツ林をすぎ、ブナの大木を見た先から続くロープ場はけっこうハード。直登ルートならではの正念場と言えよう。

ロープ場が終わると幾分斜度は緩むが、先には岩場が控えている。これを右に巻き、堀切跡（山行アドバイス参照）に下って登り返せば、ほどなく落葉樹の交じるなだらかな道に変わり、頭巾山山頂が近いことを教えてくれる。

山城跡の平らな山頂は樹林に包まれており、コバノミツバツツジやツクシシャクナゲが点在する。ただし、展望はなく、ランチタイムを取るには狭すぎる。ひと息入れたあと、道なりに東へ進もう。

稜線の縦走路と合流したら、左を取って三郡山を目指す。幅員のある登山道は四季折々に色を変え、これ以上ないほど快適に歩ける。ブナ、シデ、リョウブといった多様な樹種が織り成す森は美しく、とりわけ初夏は思わず深呼吸したくなる心地よさだ。木本、草本ともに花が多いのもいい。

緩く下って登り返すこと20分ほどで右手から航空監視レーダー局の管理道を合わせ、同局の建物の間を縫うように左手から北側へ回り込み、最後に右折すれば三郡山の山頂である。

山名は筑紫郡、糟屋郡、

最初の三差路は右を取る。中央奥はバンガローエリア。右手にトイレがある。

頭巾尾根道の取りつき点。周囲にはネジキやエゴノキが見られる。

谷を抜けると、ロープ場に出合う。いきなりの急登で面食らうが、距離は短い。

登山道脇に生えるギンリョウソウ。登山道は明瞭で、迷う所はない。

ブナの大木をすぎると、正念場の長い急登が始まる。息が上がらないようゆっくり登ってゆこう。

復路はこの道標を目印に縦走路を北へ。分岐が多いから、間違えないよう注意しよう。

縦走路には所々丸太のステップが設置されている。足下には野草も多い。

頭巾山山頂。狭く、ランチタイムを取るスペースは限られる。

新緑に包まれた縦走路をたどる登山者。何度歩いても飽きない素敵な道だ。

欅谷 A 分岐から緩く登った所にある内ヶ畑 B 分岐。ここから左へ折れる。

内ヶ畑Ｂルート、ロープ場の下り。もう一ヵ所ロープがあるが、比較的楽に下れる。

露岩の多い三郡山山頂で憩う登山者。休日にはたくさんの人が訪れる。

嘉穂郡の三つの郡にまたがることに由来する。展望に優れるのは、北から南東にかけて。西側の糟谷郡、福岡市方面は巨大なドームが邪魔をする。

復路は樹林の縦走路を北へたどり、左手に欅谷《つきだに》B、欅谷Aルートの分岐をやり過ごし、内ヶ畑分岐の道標を確認して左折する。

内ヶ畑Bルートは、南側は雑木林、北側はほぼ植林の尾根道。植生豊かな縦走路と比較すると少しばかり単調ではあるものの、登山道は明瞭だ。途中、ロープ場もあるが、比較的楽に下ることができ、一時間ほどで舗装林道のゲート前に下り立つ。左折して欅谷を渡れば、スタート地点は目と鼻の先である。

山行アドバイス

①頭巾尾根道は、文字通り尾根の一本道。登山道は硬く踏まれて明瞭だ。迷いやすい所はない。ただし、ロープの架かる急登が三ヵ所ある。縦走路は問題なく快適に歩ける。復路で使う内ヶ畑Bルートも登山道はしっかりしており、頭巾尾根道より幾分なだらか。

②頭巾山の山頂には、かつて山城が築かれていたという。だが、樹林に包まれてその面影はない。わずかに堀切の跡が認められる程度である。

③あまり知られていないが、一本松公園のバンガローエリアにはイチヤクソウが点在する。花期は、例年5月下旬ごろ。

一本松公園のバンガローエリアには珍しいイチヤクソウが点在する。盗掘厳禁！

18　一本松公園から頭巾山〜三郡山／頭巾尾根道・内ヶ畑 B ［周回］

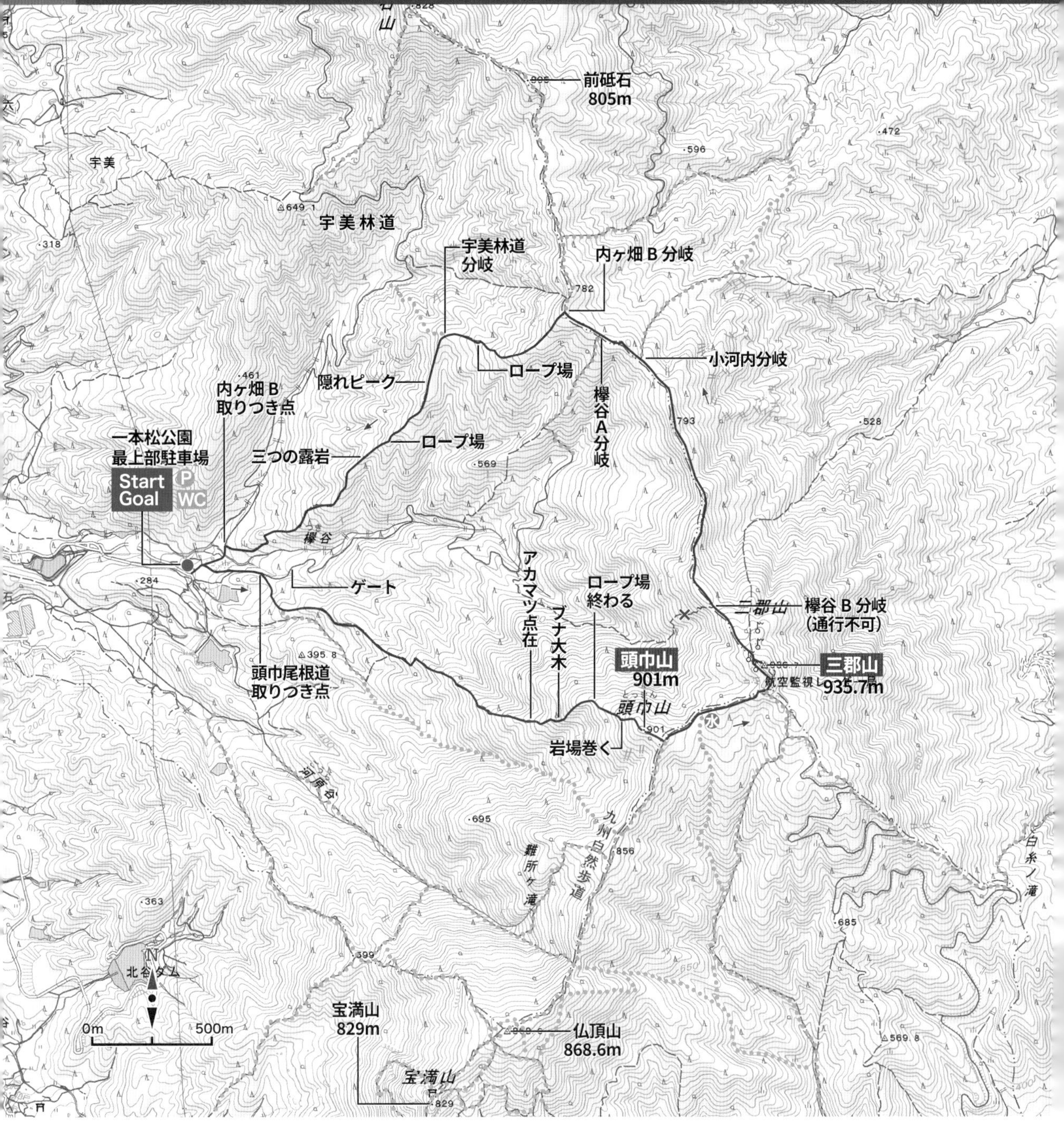

山行データ		
	標高	頭巾山＝901m 三郡山＝935.7m
	単純標高差	約 670m
	歩行時間の目安	約 3 時間 55 分
	緯度経度 （スタート地点）	33 度 33 分 32.10 秒 130 度 33 分 29.84 秒
	MAPCODE®	55 487 607*47

■参考タイム
一本松公園（最上部駐車場）〜 5 分〜頭巾尾根道取りつき点〜 45 分〜ブナ大木〜 25 分〜岩場巻く〜 5 分〜〜頭巾山〜 20 分〜三郡山〜 15 分〜欅谷 B 分岐〜 45 分〜内ヶ畑 B 分岐〜25 分〜宇美林道分岐〜45 分〜内ヶ畑 B 取りつき点〜5 分〜一本松公園（往路－1 時間 40 分／復路＝2 時間 15 分）

■関係市町村
宇美町まちづくり課商工観光係＝092（934）2370

19
★★
周回

野草咲く縦走路と心和む山頂で静かな山行を楽しむ！

一本松公園から前砥石～砥石山／内ヶ畑B・内ヶ畑A

稜線合流点から前砥石にかけては野草が多い。初秋の縦走路を彩るキバナアキギリ。

砥石山は、宝満・三郡山系の北側のピーク。稜線はここから鬼岩谷《おにいわだに》を経てショウケ越へ落ちてゆく。宝満山を中核とする南側に比べると静かで、味わい深い山歩きが楽しめる。ここでは、宇美町の一本松公園から前砥石～砥石山と周回するルートを案内しよう。

一本松公園最上部の駐車場をスタートし、トイレの先の三差路を左へ。欅谷《つきだに》の清流を渡ってすぐのゲートの右手に道標が立っている。ここが内ヶ畑Bルートの取りつき点。初夏から秋にかけて、周辺は多少ヤブっぽいが、踏み跡は明瞭で問題なく歩ける。

入山後、右手に砂防堤を見て、尾根に乗る。倒木をくぐると、やや急な上りになる。左（北）側は稜線までほぼヒノキ林。右手は主に雑木林だが、稜線間近でヒノキ林に変わる。傾斜が緩むと、間もなく平らなヤセ尾根を二度通過し、三つの露岩が並ぶ地点に出る。ここでひと息入れよう。

その先に「三郡砥石縦走路」の木製プレートがあり、ロープ場の急登が始まる。隠れピークに出るまで標高差約70メートルの上りだが、所々で傾斜は緩み、さほど苦労しない。

次のランドマークは、道標の立つ三差路分岐。左へ鋭角に折れる道は、宇美林道に至る。ちなみに、林道側の取りつき点はブッシュに覆われている。

この分岐を直進して道なりに右（東）へカーブすると、再びロープ場の上りになる。だらだらと上りが続

内ヶ畑 B の取りつきを示す道標。ゲートの右手にある。手前は欅谷を横断する舗装林道。

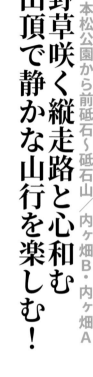

稜線合流点。砥石山は左へ。樹林に包まれた静かな場所で、小休止にもってこいだ。

内ヶ畑Ｂの踏み跡。取りついてすぐは多少ヤブっぽいが、尾根に乗ると明瞭になる。

前砥石山頂。頭上は開けているものの狭く、単なる通過点といった趣である。

カーブ地点の分岐を振り返る。左手から手前に進む。右上の踏み跡は宇美林道へ至る。

くこの辺りが正念場と言える。正面に小さな露岩を見るころ、登山道は次第に緩やかになり、コガクウツギやハイノキの間を縫って稜線に出る。

ひと息入れたあと、左を取って登り、７８２ピークを越える。左手には巻き道もある。緩く下って右手に内住峡への踏み跡を見た先にツクシミカエリソウの小規模な群生地がある。花期は、例年10月初旬から中旬にかけて。

落葉樹と照葉樹の混交林は清々しく、気持ちよく歩ける。目立つのはシロモジやリョウブで、ミツバツツジやヤマツツジもぽつぽつと姿を現す。樹林が途切れて陽が射す場所には野草も多い。初秋にはキバナアキギリやタカクマヒキオコシも咲く。

前砥石は間近だが、その手前はだらだらと上りが続き、意外と骨が折れる。登りきった前砥石山頂は狭く、縦走路の通過点といった趣である。かつては展望に優れていたが、今は樹林が育ってそれもない。

前砥石山頂から道なりに下って鞍部に下り立ち、いよいよ砥石山への上りにかかる。けっこう急ながら、登山道はわずかに蛇行してついている。

傾斜が緩む地点が山頂南直下の平らな小ピークで、そこからいったん鞍部に下ってわずかに登り返せば、砥石山山頂に到着だ。樹林に囲まれて展望は利かないが、静かで味わい深い頂である。コハウチワカエデやヤマツツジも数本ある。

復路は、山頂標識の裏側の踏み跡へ。すぐ三差路となり、直進は鬼岩を経由する踏み跡。左を取って内ヶ畑Ａルートを下ろう。ロープを伝って短く急降下し、

前砥石からいったん鞍部に下り、砥石山へ向かって登り返す。急だが、距離は短い。

内ヶ畑 A のランドマークの一つ、立岩。砥石山山頂から 10 分ほど下った所にある。

いつ訪れても心和む砥石山の山頂。若杉・宝満縦走の途中に踏むだけではもったいない味わい深い頂である。

宇美林道。左手の道標の所に下りてくる。

砥石山山頂から内ヶ畑 A を下る。歩く人はそう多くないのか硬く踏まれているとは言えないが、ルートは明瞭で安心して歩ける。

トラバースして南西へ延びる尾根に乗る。あとは、ひたすらこれを下る。大方植林に覆われているが、所々に自然林も残っている。

ランドマークは、標高730メートル地点にある縦長の岩（便宜的に立岩とする）。これを左手に見て下ると、前方に地形図にない小ピークが現れる。この先で尾根は二手に分かれる。右（西）の尾根を下り、平らな小ピークを越え、左手に作業道を見送ると、間もなく宇美林道に下り立つ。

あとは1時間ほどの長い林道歩きが待っている。足下は未舗装の砂利道あり、舗装あり。途中、展望の開ける所もある。焦らずのんびり下ろう。左手に東屋を見たら、一本松公園までもうしばらくの辛抱である。

山行アドバイス

①三郡山の北に連なる前砥石、砥石山エリアを歩く人は少なく、静かな山歩きを楽しめる。踏み跡は明瞭で、迷う所はない。復路の林道歩きは長いものの、思いのほか野草が多く、春～秋は花を愛でながらのんびり下るとよい。

②ルート上には「内ヶ畑コース」と「前砥石Aコース／南部消防署」という二種類の道標がある。ここでは、往路を内ヶ畑B、復路を同Aとした。

③稜線合流点から右を取って三郡山、宝満山方面を目指す場合は、復路に河原谷道や頭巾尾根道などを使って周回できる。

宇美林道をひたすら下る。約一時間の林道歩きだが、野草も多く、展望が開ける場所もある。

山行データ		
	標高	前砥石＝805m 砥石山＝828m
	単純標高差	約 560m
	歩行時間の目安	約 4 時間 5 分
	緯度経度 （スタート地点）	33 度 33 分 32.10 秒 130 度 33 分 29.84 秒
	MAPCODE®	55 487 607*47

■参考タイム

一本松公園（最上部駐車場）〜 5 分〜内ヶ畑 B 取りつき点〜 30 分〜三つの露岩〜 30 分〜林道分岐〜 30 分〜稜線合流点〜30 分〜前砥石〜 20 分〜砥石山〜 10 分〜立岩〜2０分〜宇美林道出合い〜30 分〜縦走路取りつきの道標〜 30 分〜東屋〜 10 分〜一本松公園（往路＝2 時間 25 分／復路＝1 時間 40 分）

■関係市町村

宇美町まちづくり課商工観光係＝092（934）2370

column・3　一本松公園からの登山道

登路は複数あるものの、上りで使える道は限られている

福岡県宇美町の一本松公園は、南の竈門《かまど》神社（太宰府市）と並ぶ宝満・三郡山系の登山基地として知られる。複数の登山道が稜線の縦走路に向かって延びており、主な登山道を南から順に列記すれば、以下の通りである。

①宇美新道
②河原《ごうら》谷ルート
③だごしゃん道
④頭巾《とっきん》尾根道
⑤欅《つき》谷Bルート
⑥欅谷Aルート
⑦内ヶ畑Bルート
⑧内ヶ畑Aルート
⑨鬼岩ルート

これらを上手に組み合わせれば、さまざまなルート設定が可能で、繰り返し何度も登る楽しみがある。だが、実際のところ、⑤⑥⑧⑨についていえば、長い林道歩きを余儀なくされるため、上りで使う人は少なく、もっぱら下り専用といった感がある。

また、⑤の欅谷Bルートは、残念ながら豪雨災害によって登山道が崩壊しており、2020年10月現在通行止め。復旧の見通しは立っておらず、このまま廃道となるかもしれない。ちなみに、三郡山山頂から北へ向かう際、5分ほどで左手に⑤の下降点を見るが、間違えて下らないよう注意しよう。

⑥の欅谷Aルートも、取りつき点のすぐ手前の林道が一部崩落している。用心して通過すれば問題はないが、稜線直下まで殺風景な植林の中の上りで、妙味に欠けるきらいがある。

⑥欅谷 A ルートの取りつき点の手前。一部林道が左手の谷へ崩落している。

596 標高点ルートの東側を抜けて⑥欅谷 A ルートに通じる尾根道の取りつき点。ヤブっぽい。

なお、国土地理院2万5000分の1地形図には596標高点ピークの東側を抜ける破線がある。この道は林道をショートカットし、⑥に尾根通しで通じている。ただし、欅谷Aルートとの合流点にはロープが張られ、通行不可を示している。取りつき点もヤブっぽい。

⑧の内ヶ畑Aルートは、取りつき点まで宇美林道をひたすら登ることになる。取りついたあと、道標はないものの、登山道は明瞭で自然林も残っている。砥石山山頂に直で通じている点も見逃せない。

⑨の鬼岩ルートは、砥石山山頂直下のシンボル、鬼岩を経由する楽しみはあるものの、⑧に輪をかけて林道歩きが長いのが難点だ。

＊

以上を勘案すると、⑥⑧⑨は、前述した通り下りで使うほうが無難であろう。

なお、①の宇美新道は問題なく歩ける。とはいえ、北隣の河原谷ルートに比べると、なぜか上りも下りも長く感じる。気分的なものもあると思われるが、おそらく変化に乏しい点が影響しているのだろう。

いま一つ、砥石山の北に位置する鬼岩谷《おにいわたに》（773・8）へは、仲ノ原の厄神社付近からルートが延びている。しかしながら、周辺に推奨できる駐車スペースがない。県道60号のショウケ越から取りつくことも可能だが、こちらも県道沿いに駐車スペースがない。一等三角点峰だけに残念ではあるが、割愛することにした。

[一本松公園からの主要登山道]

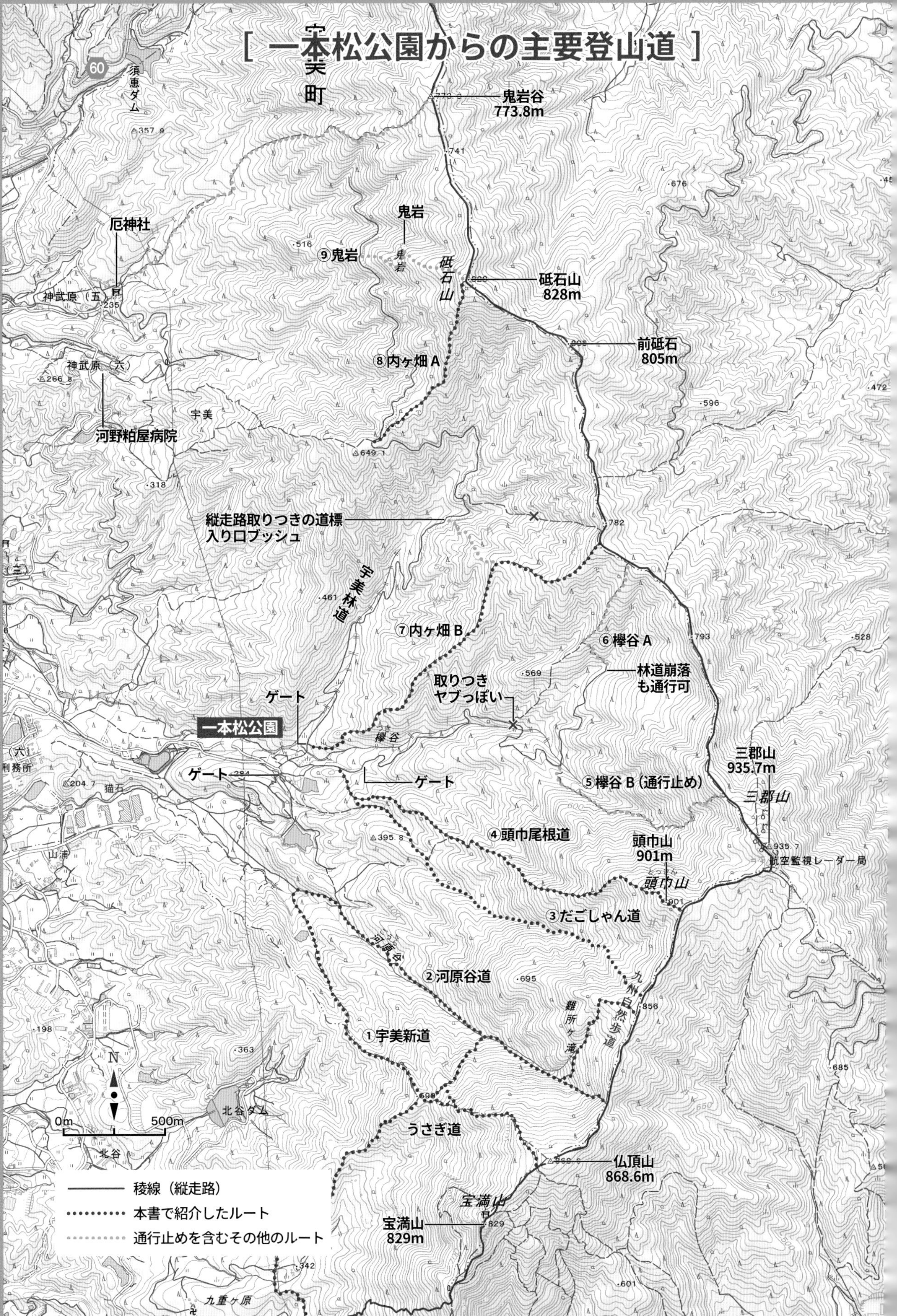

20
★★★
周回

柚須原から三郡山／宝満川源流道・天ノ泉道

清流走る渓谷美と奥深き岩の源流域を堪能する！

柚須原《ゆすばる》は、筑紫野市の最北部に位置する山間《やまあい》の集落である。県道65号が通る米ノ山峠がすぐ北に迫っている。いにしえには大宰府官道が通り、「米ノ山」の地名は年貢米を運ぶ道だったことにちなむという。

この柚須原集落の上部から宝満川を源頭部まで詰め登り、三郡山の頂に立って天ノ泉から沢を下る周回ルートを案内しよう。

ただし、往路・復路ともに沢沿いの道だけに岩場があり、踏み跡の不明瞭な所も多々ある。また、何度も渡渉を繰り返す。山慣れた人向けのルートで、子ども連れやビギナーだけのパーティは不可。もちろん、増水が予想されるときの入山も控えるべきである。

登山口へのアプローチは福岡県立総合射撃場が目印だ。県道65号に案内標識がある。同射撃場の敷地を右手に見て進み、柚須原林道にぶつかって右折し、次の林道分かれから左へ入ると、

砂防堤下から林道を西へ進んだ地点にあるもう一つの駐車スペース。ここまで普通車でもOKだ。

スタート地点の砂防堤下。右手上部に大きな砂防堤がある。林道分かれから左へすぐの所だ。

山道に変わってしばらく歩くと、尾根・谷分岐に遭遇する。往路は左手の谷道を取る。

背の高い植林の中に真っすぐに延びる林道をひたすら登る。足下は簡易舗装である。

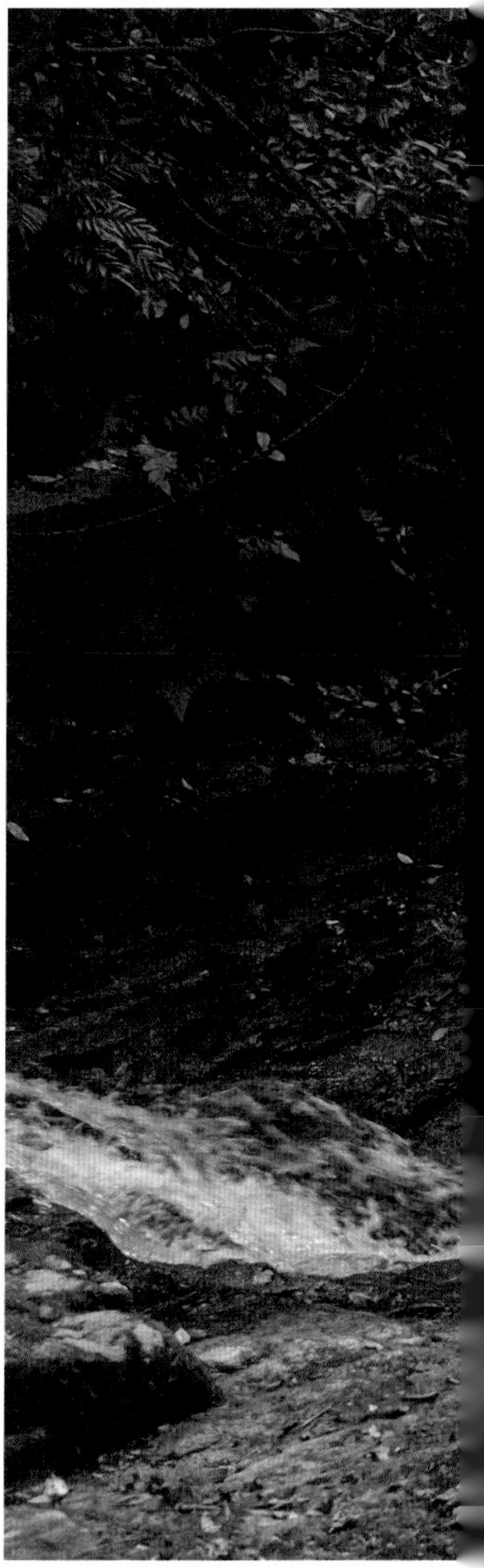

滑滝ふうの一枚岩の上を清流が走る。右端は切れ落ちて、滝となる（左下の写真参照）。宝満川源流道では、俗塵を洗うがごとき渓谷美と随所で出合う。

砂防堤の下に駐車スペースがある。満車の場合は、そこから少し進んだ右手にも駐車可能。

　準備を整えたら、砂防堤に向かって右手に上部の林道へショートカットする小径があり、これをたどる。分からない場合は、前述した林道分かれまで戻り、左を取って林道を登る。

　左手に砂防堤、右手に作業道を合わせる辺りで舗装はとぎれるが、幅員のある林道はそのままずっと奥へ続く。道脇にはツクシミカエリソウが目立つ。花期は10月初旬。ただ、きれいな状態にはなかなかお目にかかれない。

　左手に仏頂山への分岐を見た先で、ようやく狭い山道に変わる。右岸へ渡渉して、間もなく尾根・谷分岐に出合う。どちらを取っても先で合流するが、ひと口で言うと、左は沢沿いのアドベンチャールート、右はその巻き道である。ここは、往路に左の谷道、復路で尾根道を使うほうが賢明だ。

　左を取り、沢に沿って進むと、左手に末広ノ滝を見てクサリとロープで岩の上を通過する。沢はすでに渓谷ふうの趣に変わっており、清流と濡れた岩が織り成す眺めは味わい深い。

　そこから落ち葉の小径をたどれば、明るい陽射しの下、滝が現れる。右手の岩場にトラロープが下がっており、沢を渡ってこれをよじ登る。岩にはわずかにステップもあり、そう難しくはないが、慎重を期すに越したことはない。

　滝の上部に出たら、ロープを伝って右岸へ渡渉する。周辺には自然林に包まれた

クサリとロープで渡渉したあと、横幅のある滝に出合う。向かって右手の岩場を慎重に登り、滝の上部で右岸へ渡渉する。増水時は無理をしないこと。

趣のある渓谷美が広がっている。足下は一枚岩の滑滝《なめたき》ふうで、滑り落ちる水流がことのほか美しい。そのあと、沢からやや離れて山道をたどれば、左岸へ渡渉した地点に「川中島」のプレートを見る。尾根道と谷道を合わせる地点である。

この先、渡渉を繰り返しながら沢を詰めてゆく。落ち葉に覆われて踏み跡の薄い所もある。もし道を見失ったら、明瞭な踏み跡を確認できる地点まで戻ってリスタートしよう。

「段々小渕」のプレートを見た先が仏頂山分岐で、ここは右を取ってトラバースし、北寄りに進路を変えれば、ほどなくして天ノ泉分岐に差しかかる。

右を取って長いロープ場を抜けると沢はいよいよ細り、剥き出しの岩盤に水流

川中島。左岸に渡ると尾根道と谷道が合流する。前方の木に「川中島」のプレートがある。

トラバース道。段々小渕、仏頂山分岐を経て渡渉したあと、トラバースして一つ北側の谷へ入る。沢から離れた登山道は、大方硬い落ち葉に覆われている。

渡渉してロープの急登に取りつく地点。上部にトラロープが見える。左手はゴルジュふうの峡谷で、ここで沢と離れて源頭部へ登り上がる。

天ノ泉分岐から右を取る。重要ポイントの一つで、復路はここに下りてくる。

五段峡。沢はいよいよ細り、小さな落ち込みが連続する。

が白い筋を描く光景をたびたび目にする。中でも狭隘《きょうあい》な谷間を五段になって水が落ちる五段峡は、源流らしい味わいがある。また、途中にはジンジソウの小規模な群生地もある。

それをすぎて「ろの窯場跡」のプレートを見たあと、左岸に渡渉してロープの下がる急登にかかる。距離は短いものの、けっこうな急傾斜である。登りきって左手へトラバースすると灌木《かんぼく》帯に変わり、源頭部が近づいたことを教えてくれる。

踏み跡はいよいよ薄くなるが、慌てずに周囲を観察すれば、ごく浅い谷筋に沿って道は続いている。慎重に踏み跡をたどってケルンが目印の源頭に到着だ。

苔むした岩の下部から滲み出る一条の流れがやがて沢となり、川となって海へ注ぐ。その始まりの一つを見るのは登山者冥利に尽きるだろう。

源頭から斜面を登り、国土交通省の管理道に出てほっとひと息。左を取り、稜線の縦走路に出合って右折。国土交通省航空レーダー監視局の敷地を抜けて数分で小広い三郡山の山頂にたどり着く。宝満・三郡山系の最高峰だけに展望は良好。高度感、開放感もある。

復路は、宝満山方向へ。いったん下って登り返し、再び下った左手に「天ノ泉」の道標を見る。縦走路の貴重な水場で、浅い谷間に滲む水をビニールパイプが集めている。

それに続く沢沿いに踏み跡があり、「柚須原へ」と書かれた小さなプレートを見る。周囲は浅い谷間に広がる明るい樹林帯で、春にはツクシショウジョウバカマ、秋にはキバナアキギリ

国土交通省の管理道に出る。源頭から距離はわずかだが、ひと上りする必要がある。

灌木帯の中の浅い谷間をたどると、源頭とそれを示すケルンに出合う。

縦走路の貴重な水場、天ノ泉。この水がやがて沢となり、それに沿って右岸を下る。「柚須原へ」の小さなプレートもある。

高度感と開放感たっぷりの三郡山山頂。三等三角点がある。航空レーダー監視局の建屋が一部遮るものの、展望は良好だ。

形の整った炭焼き窯跡を左手に見たら、ケルンに導かれて直進する。ここは復路のポイント。右手の踏み跡に入らないように。

トラバースしたあと、尾根を真っすぐ下り、右手の谷に下り立つ。

川中島から尾根道を下る。踏み跡は明瞭で、安心して歩ける。周囲の自然林も心地よい。

を見る。

踏み跡は明瞭とは言えず、ランドマークになるものも特にないが、基本的に沢の右岸を下ればよい。やがてトラバース道に変わり、そのあと尾根を真っすぐ急降下し、途中で右手の小滝のある谷へ下りる。

周辺は荒れた雰囲気が漂っており、実際ここから炭焼き窯跡に出るまでは難所と言ってよかろう。踏み跡は薄く、足場は悪い。慎重な行動が必要だ。

前方左手に炭焼き窯跡が見えると、明瞭な道が現れる。だが、その先も要注意。右手に緩く登る踏み跡があり、ついそれに釣られてしまうのだ。ここは、ケルンに従って直進する。そのまま沢に沿って下れば、往路の天ノ泉分岐に合流する。

あとは往路を戻り、川中島から左を取って尾根道をたどろう。照葉樹林が植林に変わるころ、尾根・谷分岐に合流する。

山行アドバイス

①宝満川源流道は、随所で自然林に包まれた美しい渓谷と出合い、変化に富んだ山登りを楽しめる。ただし、踏み跡は薄く、足場の悪い所も少なくない。復路の天ノ泉道も歩く人は少なく、進路の分かりにくい所がある。ソロやビギナーだけの入山は控えること。地図、GPSアプリは必携である。
②復路の小滝にある谷から炭焼き窯跡までは特に踏み跡が薄い。ここは、まず小滝を背に左寄りに進み、左手に炭焼き窯跡を見たら直進する。

20 柚須原から三郡山／宝満川源流道・天ノ泉道 ［周回］

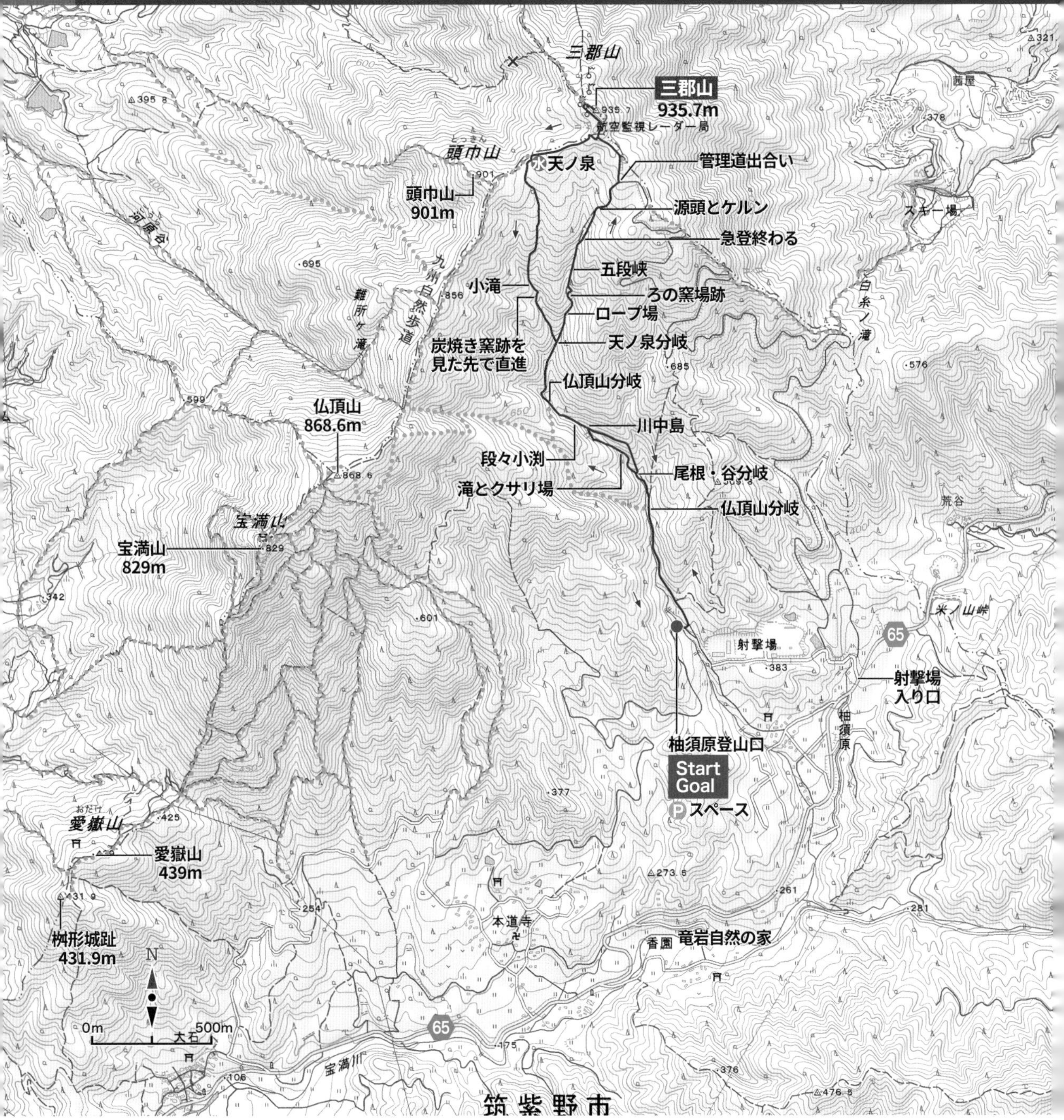

山行データ		
	標高	三郡山＝935.7m
	単純標高差	約 540m
	歩行時間の目安	約 4 時間 5 分
	緯度経度（スタート地点）	33 度 32 分 13.39 秒 130 度 35 分 14.39 秒
	MAPCODE®	55 400 839*00

■参考タイム

柚須原登山口～ 30 分～尾根・谷分岐～ 40 分～天ノ泉分岐～ 35 分～急登終わる～ 15 分～管理道出合い～ 15 分～三郡山～ 15 分～天ノ泉～ 25 分～小滝～15 分～天ノ泉分岐～30 分～尾根・谷分岐～ 25 分～柚須原登山口

（往路＝2 時間 15 分／復路＝1 時間 50 分）

■関係市町村

筑紫野市環境経済部商工観光課＝092（923）1111（代表）

21
★★
往復

サンビレッジ茜から三郡山／白糸ノ滝ルート

鬱蒼とした自然林の中に続く筑豊からのメイン登路をたどる

福岡県飯塚市にある人工芝スキー場を「サンビレッジ茜《あかね》」と呼ぶ。ここを拠点に白糸ノ滝を経由して三郡山を目指す。筑豊側からの古くから知られているメイン登路で、「白糸ノ滝ルート」、あるいは「茜屋ルート」と呼ばれている。

サンビレッジ茜には登山者用駐車場が設けられており、基本的にはそこに駐車するが、閑散期などゲートが閉じられていることがある。その場合は、上部にあるガイドハウス（管理棟）前の駐車場を利用する。

取りつきはガイドハウスの奥（道標あり）で、木柵に沿って照葉樹に覆われた小径をたどる。小さな橋を渡ると、左手にフェンスが現れ、右手に古い東屋を見る。その先でフェンスは途切れ、浅い谷間へ入る。

樹林の中、苔むした岩が転がる道をたどれば、ほどなくして滝に遭遇する。といっても、白糸ノ滝ではない。特に名前はないが、上下二段になっているから、便宜的に「二段ノ滝」としておこう。

登山道は滝の左手についており、クサリが架けられている。ここから白糸ノ滝の上部に出るまで湿った岩場が連続する。クサリやロープの助けを借りて慎重に登っていこう。

白糸ノ滝は、高さはあるが水量は少なく、白い糸を引くように見える。それが名前の由来である。滝の前から右手の谷へ進み、左手に架かるロープを使って急登。そのあと、トラバースして滝の上部へ出る。そこから再び浅い谷を詰め上げる。登山道は思わず深呼吸したくなるような美しい照葉樹の森に包まれている。

谷を詰める途中、前方に植林が見えてきたら左へ短く急登し、ヤマザクラの大木を一本見て平らなトラバース道に入る。植林はここだけと言ってよく、登山道はほぼ自然林に覆われている。九州の山で植林帯を歩かないケースは少なく、それだけでも価値があるルートだと言えよう。

トラバースが終わると、右へ急カーブして尾根に取りつく。その際、左手下に舗装路がのぞく。これは山頂にある航空監視レーダー局の管理道である。一般車は入れない。以後、管理道と三度接し、最後はこれをたどって山頂へ至る。

尾根に取りついたら、迷

茜ドームの道路を挟んだ反対側にある登山者用駐車場。案内板もある。

「サンビレッジ茜」の目立つ標柱が取りつき点の目印。左手はガイドハウス。

鬱蒼とした照葉樹林の中に続く登山道。このあと、橋を渡り、右手に東屋を見る。

二段ノ滝から白糸ノ滝の上部に出るまで滑りやすい岩場が連続する。

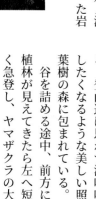

最初に出合う二段ノ滝。左の岩場をクサリを頼りによじ登る。このあと、さらにクサリ場、ロープ場が続く。

尾根取りつき点手前のトラバース道。自然林に覆われた登山道は快適に歩ける。

ガードレールの切れめが一度目の管理道との接続点。入り口から急登した法面（のりめん）の上から写す。遠景の山並みは古処三山。

白糸ノ滝。文字通り微かな流れが白い糸を引くように滴り落ちる。

う所のない一本調子の上りが始まる。急登や隠れピークもあるが、平坦地も多く、随所で呼吸を整えられるのがいい。照葉樹の森はしっとり落ち着いた雰囲気を漂わせており、登山道脇にはカンアオイ、スミレ類、タツナミソウ、エゴノキ、コガクウツギ、ヤマツツジ、ヤマアジサイ、キッコウハグマなどが点在し、心弾む森歩きが楽しめる。

注意したいのは、管理道

稜線の縦走路に合流したあと、航空監視レーダー局の建屋の間を時計回りにたどる。

三郡山山頂。宝満・三郡山系の最高峰だけあって展望は良好だ。

岩の門。照葉樹林の硬い落ち葉が積もっているが、登山道は明瞭で迷う所はない。この先に二度目の管理道接続点がある。

管理道との二度目の接続点入り口。ガードレールと法面の隙間にある。道標も目印もなく、見逃しやすいので要注意。

との接続である。管理道に出たら、登山道に戻る入り口を見過ごさないよう右手に注意を払って歩こう。というのも、これといった道標がないからである。とりわけ夏草が生い茂る初夏から秋にかけては要注意。

三度目の接続点から先は、そのまま管理道をたどる。できれば山道を登りたいものだが、仕方がない。10分ほどで稜線の縦走路と合流して右折。すぐ左折して航空監視レーダー局の建屋の間を時計回りに進み、再び縦走路と合流して右折すれば、三等三角点のある山頂の一角に飛び出す。

展望は同レーダー局の建屋が一部邪魔をするが、概ね良好だ。特に筑豊側は遮るものがなく、山頂標識の裏手から英彦山山系や古処三山が見渡せる。

復路は、往路を忠実になぞるのが一般的だが、夏の暑い時季を除けば管理道をのんびり下るのも一興である。とりわけ春から初夏にかけては花が多く、ナルコユリ、エゴノキ、ヤマボウシ、ウツギ、ツルアジサイなどが見られる。

山行アドバイス

①サンビレッジ茜は、冬季スポーツとは縁の薄い九州にあって、手軽にスキーの基礎を学べるほか、キャンプ場、屋内型スポーツ施設、アスレチック、宿泊施設などを備えており、スポーツ、レジャースポットとして人気は高い。

②登山道、道標ともによく整備されているが、二段ノ滝、白糸ノ滝周辺を通過する際は、注意が必要。岩場が連続し、危険箇所にはクサリやロープが設置されている。慎重に登下降しよう。

③照葉樹林に覆われた登山道は、落ち葉で滑りやすい。特に下りは注意のこと。下りが苦手な人は、管理道を下るとよい。

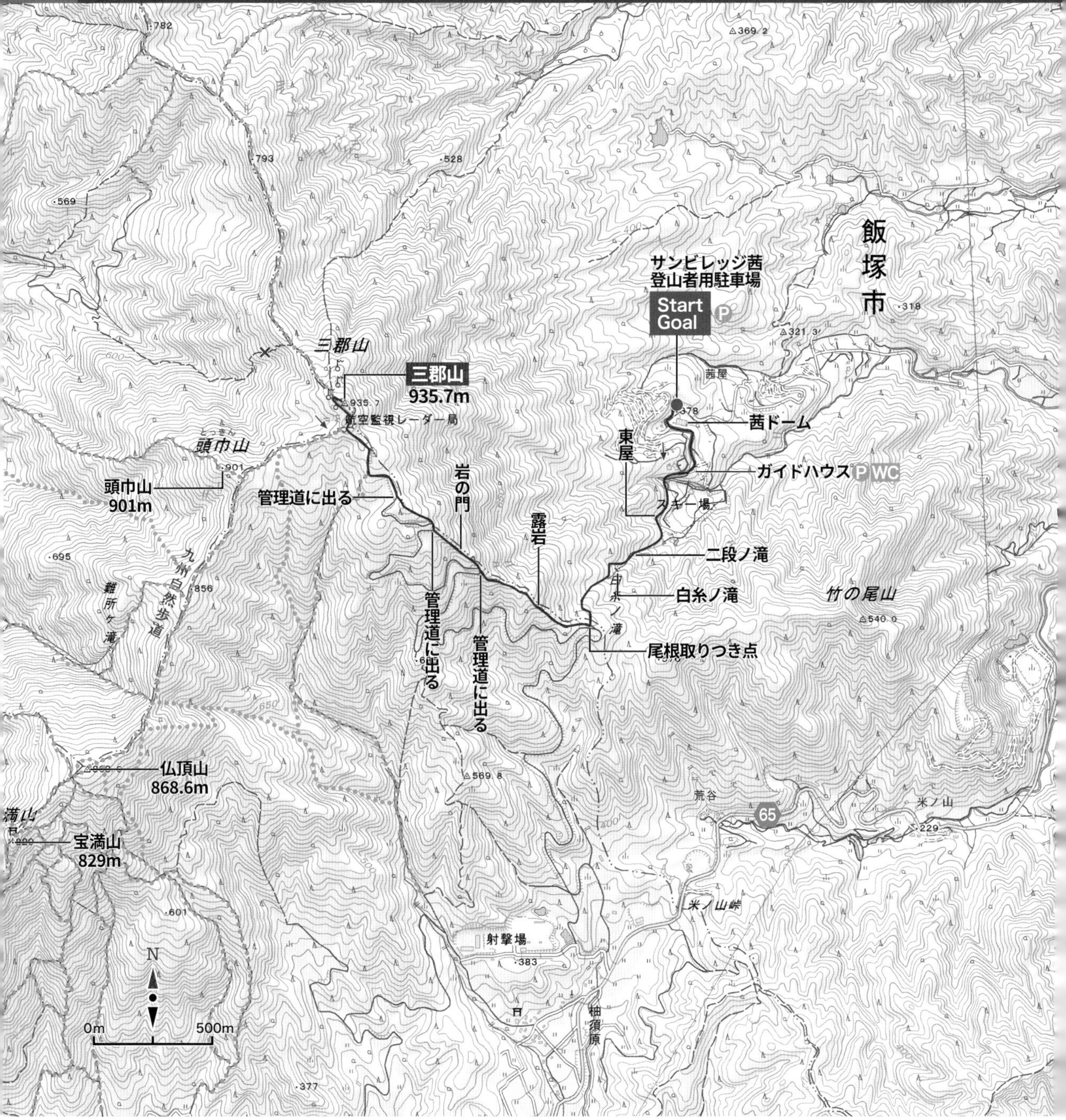

山行データ		
	標高	三郡山＝935.7m
	単純標高差	約 560m
	歩行時間の目安	約 4 時間
	緯度経度（スタート地点）	33 度 33 分 18.91 秒 130 度 35 分 53.86 秒
	MAPCODE®	55 492 159*03

■参考タイム

サンビレッジ茜登山者用駐車場～ 10 分～ガイドハウス～ 25 分～白糸ノ滝～ 10 分～尾根取りつき点～ 35 分～岩の門～ 20 分～管理道最終出合い～ 25 分～三郡山～ 40 分～岩の門～ 30 分～尾根取りつき点～ 10 分～白糸ノ滝～35 分～サンビレッジ茜登山者用駐車場（往路＝2 時間 5 分／復路＝1 時間 55 分）

■関係市町村

飯塚市経済部商工観光課観光係＝0948（22）5500（代表）
サンビレッジ茜＝0948（72）3331

最初のハイライトは五段の滑滝。この左岸を進むが、岩の上を通過する際は注意が必要である。

22
★★★
周回

名渓の誉れ高き内住峡を詰め、縦走路から山系の最高峰へ！

内住本村から三郡山／内住峡谷道・小河内尾根道

宝満・三郡山系の東側はほぼ飯塚市に属している。筑豊地区の中核都市で、かつては石炭採掘で栄え、「炭《たん》都《と》」の異名もあった。当時、登山を趣味とする炭鉱マンたちの間で人気が高かった山の一つが三郡山だったと聞く。

その熱気は炭鉱閉山後も引き継がれ、登路も複数残っている。だが、正直なところ、昔と変わらぬ輝きを放っているのはサンビレッジ茜《あかね》からの白糸ノ滝ルートだけで、あとは寂れてしまった感がある。

内住《ないじゅ》峡ルートもその例に洩れず、訪れる人は少ない。理由は幾つかある。一つは、駐車場・トイレ完備の登山口がないこと。取りつき点に至る林道が荒れており、長い林道歩きを余儀なくされること。

そして、10年くらい前まではそれなりに整備されていた登山道や道標が、相次ぐ水害によって損傷してしまったことである。今では硬く踏まれた登山道のほうが少ないくらいで、慎重に進路を見きわめながら登らないといけない。

したがって、一般向きのルートではないことをまず断っておきたい。ビギナー

内住峡入り口にある駐車地点。右手に内住林道本線のゲートがある。

駐車地点の隅にある手作りの古い道標。支柱が倒れ、地面に置かれている。

林道にはいい雰囲気の場所がたくさんあるが、とにかく長くて途中で退屈する。

内住峡橋。この手前に比較的広い駐車スペースがある。ジムニーなら大丈夫だが…。

林道は駐車地点に近いほうが荒れた感じで、普通車で入るには勇気が必要だろう。

の単独行はもちろん、ビギナーだけのパーティも不可。たとえベテランでも、ソロは控えたほうがよい。

　では、なぜ取り上げるのかというと、渓の美しさが際立っているからである。大きな滝こそないが、連続する小滝や一枚岩の滑滝《なめたき》を擁し、水量も山系トップクラスの豊かさを誇る。山登りよりむしろ沢登りのフィールドとして注目されているのはそのためである。

　前置きが長くなったが、今後登る人がわずかずつでも増え、登山道が踏み固められることを願って案内することにしよう。

　駐車地点は古い道標のある内住林道本線のゲート前で、周辺に分散して3～4台は置ける。ここから取りつき点まで内住林道第一支線を道なりにたどる。所要時間は1時間前後。この先にも駐車できるスペースはあるが、普通車では厳しい。小型のオフロード専用車なら内住峡橋までなんとか走行できるだろう。

　その内住峡橋がランドマークの一つで、その先にもう一つ上《かみ》内住峡橋があり、取りつき点はそこからすぐの小広場である（ここまで車で入れるようになればかなり便利になるのだが、個

内住峡橋の上から下流側を望む。一枚岩の岩床を清流が走る。夏に子どもを連れて遊びに来たくなるような素敵な場所だ。これだけでも内住峡の美しさが伝わるはずである。

ケルンのある二俣から右を取って進むと小滝が現れる。ロープを伝って右岸を通過する。ロープ場が幾つかあるところを見ると、ありがたいことに整備に汗を流している人がいるのだろう。

取りつき点は、上内住峡橋から少し登った小広場にある。奥に沢があり、渡渉する。

かつては沢の縁に明瞭な登山道があったが、今は道かどうか見分けがつかない所が多い。

人の力ではどうしようもない…）。

奥に沢が流れており、まずは渡渉して右岸へ。植林の中にうっすらと踏み跡が続き、右手に見える砂防堤の手前で左へ登る。その先が本ルートのポイントの一つ。往路と復路が交わる地点で、復路はここに下りてくる。といっても、道標はない。目印として炭焼き窯跡を挙げておく。

その炭焼き窯跡を右手に見て進み、渡渉して左岸に渡ると、間もなく最初のハイライトを迎える。ウォータースライダーのように滑り落ちる清流が前方に見えるはずだ。近づくと五段重ねの滑滝で、小さいながら滝壺もある。この滑滝を左下に見て通過しなければならず、滑る岩場には注意を要する。

このあと、渡渉を繰り返しながら沢に沿って詰め登り、開けた二俣（沢と沢の出合い）に出る。ケルンを手がかりに右手の沢に入ると、次のランドマーク、小滝が現れる。右岸に設置されたトラロープを使って巻き、ほどなくして二つの沢の間の小さな尾根に乗る。ここも要注意箇所で、どこでも歩けるため、つい右手の尾根筋に引っ張られてしまう。正解は左へ進み、涸れ気味の沢を渡り、そのまま右岸を詰め上げる。

そうすれば、駐車地点から延びる内住林道本線は近い。目印は左手に見える排水管。そこから足場の悪い急斜面をひと上りで林道に飛び出す。

かつては、林道出合いまで沢の縁に比較的明瞭な登山道がついていたが、今は残っている部分のほうが少なく、そのため足下もよくない。いま一つ、このルートの厄介な点は二俣が多いことだ。誤って違う沢に入らないよう細心の注意を払って行動しよう。

林道でひと息入れたら右手へ進み、再び沢に取りつく。稜線まで標高差は約150メートル。ここからが最大の難所と言ってよく、両手両足を使って水の滴る滝の横をよじ登る。それが終わると、今度は踏み跡も定かではない急勾配の上り

沢と沢の間の小さな尾根。つい直進しそうになるが、ここは左へ進み、涸れ沢を渡渉する。

左手に排水用の鉄管が見えたら林道出合いは近い。右手に進んで斜面を急登する。

が控えている。まさに「激上り」といった感じで、息が上がるころ、ようやく傾斜は緩み、明確な尾根道に出る。この難所を思えば、到底下りでは使えないルートである。

　稜線に出たら、左を取って三郡山を目指す。アップダウンは緩く、樹林に包まれた稜線歩きは快適そのものだ。右手に道標のある分岐を三ヵ所見て、緩く下った地点が復路に使う小河内尾根道の下降点である。鳥獣保護区を示す赤い看板を覚えておこう。そのたもとに小さな私標がある。

　三郡山山頂から取って返し、小河内尾根道へ入る。薄暗い植林帯の中に比較的明瞭な踏み跡が続く。ただし、下り始めて間もなく左の谷へ下る地点がある。ここは直進しないよう注意しよう。

　谷に下りると道は不明瞭になるが、尾根に出るとはっきりし始め、そのまま下って未舗装の内山林道本線に飛び出す。秋が深まるころには、アケボノソウが群れて咲き、白い星をちりばめたようになる所だ。

　再び登山道に入り、小河

林道出合いから先に最後の難所が待ち受けている。滝の横を慎重に登ったあと、激上りとも言うべき急勾配の斜面に取りつく。トレースはないに等しく、相当苦労させられる。

稜線合流点。内住峡と JR 九郎原駅を示す私標がある。しかし、下りで使うのは危険！

激上りが終わるとヤセ尾根に変わり、トレースは明瞭になる。二本のアカガシにご挨拶。

三郡山山頂。手前は石で囲われた三等三角点。露岩が多く、休憩にはもってこいである。

小河内尾根道への下降点は、鳥獣保護区の赤い看板が目印だ。往路で確認しておこう。

四季折々に姿を変えて迎えてくれる稜線の縦走路。この道はいつ歩いても快適で心弾む。

小河内分岐を直進する。ヤブっぽい場所も多少あるが、尾根道のトレースは明瞭だ。

標高 510 メートル辺りで尾根から谷へ下る。この谷は荒れており、足下はあまりよくない。

内分岐をすぎれば、あとは一本道。薄暗い植林帯や灌木がトンネルを成してうるさい所などあるものの、特に危険箇所はなく、問題なく歩ける。

　注意が必要なのは、尾根から谷へ踏み換える標高510メートル地点。左手の谷へ急降下し、狭い沢を北へたどる。この沢も足下はよくない。だが、往路の分岐までさほど時間はかからない。左手に炭焼き窯跡を見たら、取りつき点の小広場はもうすぐそこである。

　そして、あとは駐車地点まで約50分の長い林道歩き。さわやかな沢の音をBGMにのんびり下ろう。

山行アドバイス

①往路の谷道はとりわけトレースが薄い。また、二俣も多い。ルートファインディングの技術が絶対に必要である。また、渡渉点が多いため、増水が予想される場合の入山は危険。絶対に無理はしないこと。

②復路の尾根道は、特に難しい所はないが、尾根から谷へ踏み換える地点が二ヵ所ある。道標はない。しっかり進路を見きわめること。また、沢に入ると、途端にトレースが不明瞭になる。その意味では、復路も十分な注意が必要である。

③内住林道第一支線はほぼ未舗装ながら、ジムニークラスなら内住峡橋まで行ける。ただ、近年頻発する豪雨を見ると、土砂崩れや落石も予想される。登山道についても同様で、雨後は一層の慎重さが求められる。

22 内住本村から三郡山／内住峡谷道・小河内尾根道 ［周回］

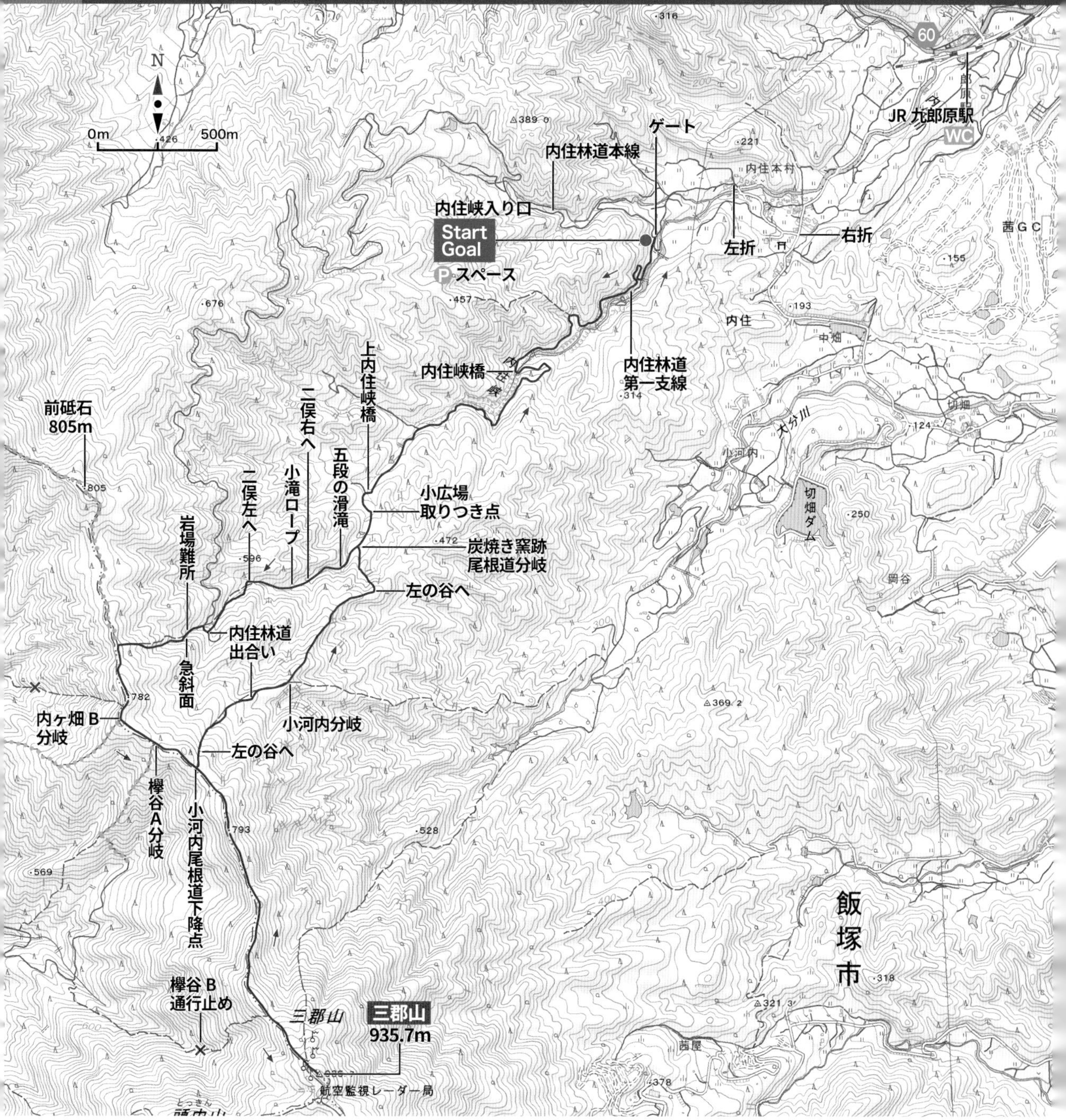

山行データ		
	標高	三郡山＝935.7m
	単純標高差	約 735m
	歩行時間の目安	約 5 時間 10 分
	緯度経度（スタート地点）	33 度 35 分 8.69 秒 130 度 35 分 54.83 秒
	MAPCODE®	55 612 103*41

■参考タイム
内住峡入り口～ 30 分～内住峡橋～ 30 分～取りつき点～ 15 分～五段の滑滝～ 10 分～小滝ロープ場～ 20 分～内住林道出合い～ 25 分～稜線合流～50 分～三郡山～ 30 分～小河内尾根道下降点～ 15 分～小河内分岐～ 20 分～左の谷へ～ 15 分～取りつき点～50 分～内住峡入り口（往路＝3 時間／復路＝2 時間 10 分）

■関係市町村
飯塚市役所筑穂支所＝0948（72）1100

登山者にとって、若杉山はどんなイメージの山なのだろう。霊場めぐり（篠栗四国八十八ヵ所）の山、宝満・三郡山系縦走の起点、山頂近くまで車道が通じている、スギに覆われている、平凡な山頂…など、人によって捉え方はいろいろかもしれない。

　一つ言えるのは、メインの登路さえはっきりせず、登山対象としていまいちメジャーになり切れないということではなかろうか。その点を踏まえて、もっとたくさんの人に歩いてほしい西尾根経由の周回ルートを案内しよう。

　スタート地点は、中腹にある若杉楽園（若杉キャンプ場）とする。２０１９年４月９日から有料となったが、料金は良心的だ（山行

若杉山の名所の一つ、はさみ岩。これをすり抜けて下った所に奥ノ院がある。滑る足元にご用心。

23
★★
周回

若杉楽園から若杉山／西尾根道・大和の森遊歩道

若杉山の魅力を味わい尽くす見所多数の素敵な周回ルート！

アドバイス参照)。ここに駐車し、車で上ってきた舗装路を右に折れる。左手に大和の森遊歩道の入り口を見て下り、カーブ地点の左手に立つ「岳城／若杉」の道標から入山する。

　すぐに道標の立つ三差路に行き当たり、ここを左折。整然と立ち並ぶスギ林の中に明瞭な登山道が続いている。足下にはドクダミ、モミジガサ、トチバニンジンなどを見る。ちなみに、三差路の手前にはフタリシズカが咲く場所もある。

　さらにいえば、この先、道脇にはサラシナショウマが点在する。秋、長くて白い独特の花穂《かすい》が風に揺れるさまは風情たっぷり。サラシナショウマは、西尾根のシンボルと言っても過言ではない。

　ゆっくり高度を上げてゆき、隠れピークを一つ越して左手に浅い谷を見る地点で右に急カーブ。そこから少し登り、標高が５００メートルを超える辺りで前方に暗い森が見えてくる。そこはモミやシデの大木がそ

若杉楽園の駐車場入り口。2019 年 4 月から料金支払いゲートが設置された。

車道のカーブ付近にある岳城山登り口。「岳城」を示す道標を確認して山道へ。

若杉分岐。ここから左折して尾根に取りつく。直進は岳城山へ至る若杉山自然歩道。

倒れた巨大なスギの根っこ部分が壁のようにそそり立つ。まさに「根の壁」だ。自然林に変わって、しばらく登った所で出合う。

森林セラピーロード「落陽コース」との合流点。足下にはウッドチップが敷かれている。直進した左手に取りつきがあり、再び登山道に入る。

樹林の中にある四等三角点。この先で視界が開け、神功皇后像と太祖宮がある。

弘法大師像の先から左折して山道に入ろう。簡易舗装路を下るより足に優しい。

荒田高原分岐から奥ノ院の駐車場へ。突っ切ると舗装路に出る。奥に見える建物はトイレ。

森林セラピーロード「落陽コース」の入り口。二つ目の駐車場の奥にある。

はさみ岩を抜けて下れば、厳かな雰囲気が漂う奥ノ院に到着する。左手に独鈷水がある。

若杉山山頂。すぐそばに無線中継所の建物があり、言葉は悪いが、凡庸である。

山頂から下ると簡易舗装の三差路に出合う。そこに立っている弘法大師像。

びえる自然林の入り口。ようやく人工林に別れを告げることになる。

この先は急登（距離は短い）あり、ちょっとした岩場ありで、それまでのスギ林の中と打って変わって変化に富んでいる。

中でも印象に残るのは、倒れた巨大なスギの脇を抜ける地点だろう。それは、あたかも「根の壁」のようである。そこから岩場をすぎて平らな道に変わり、左手から道を合わせる。ここが森林セラピーロード「落陽コース」の折り返し地点。足下にはウッドチップが敷かれている。

右を取って数分で三差路に出合い、左手に若杉山を示す道標がある。ここから左に取りついて急登したあと、右手の樹林の中に四等三角点を見る。神功皇后像がおわす太祖宮はもうすぐそこである。

参拝したら、奥ノ院に立ち寄ろう。かつて土産物店があった建物の手前から右

若杉ヶ鼻からの眺望。鬼岩谷、砥石山、三郡山方面を望む。登り返す必要はあるが、若杉ヶ鼻にはぜひ立ち寄りたい。

へ石段を下れば、岩壁の下をくぐってはさみ岩の前に出る。これをすり抜けて下った所が奥ノ院だ。神々しい弘法大師像の左手に独鈷《とっこ》水《すい》がある。

奥ノ院を抜け、コンクリートの階段を登って右手に進むと、無線中継所の建物に出合う。若杉山の頂は前方に見える建物を右へ回り込んだ所で、標識がないとどこがピークだか分からない。むしろ、そこからシャガが群生する縦走路をショウケ越方面へ下った若杉ヶ鼻のほうが展望に優れ、前方に鬼岩谷《おにいわたに》から三郡山へ連なる山並みを見渡せる。

若杉ヶ鼻から二度急登して山頂に取って返し、フェンスで囲まれた空き地の右にある簡易舗装路を下ると、数分で弘法大師像の立つ三差路に出合う。直進は前述の土産物店へ通じ、右は奥ノ院の駐車場へ至る。ここにはもう一本、シャクナゲ林の中に山道がある。右の簡易舗装の道より足に優し

樹高 40 メートル、幹周り 16.15 メートルを誇る大和の大杉。これを右手に見て直進し、綾杉を目指す。

復路の要となる綾杉。若杉山の山名の由来となった由緒あるスギの巨木である。

大和の森遊歩道入り口。ここに下りてくる。

い。これを下ろう。

シャクナゲ林に入ってすぐの三差路は右へ。直進は太祖宮へ続く急な石段の下に出る。奥ノ院の駐車場までけっこう距離があるが、道はよく整備されている。舗装路に出た変則六差路が荒田高原分岐。左に見える建物のほうへ向かい、階段を下って広い奥ノ院の駐車場に出る。

そのまま駐車場を突っ切り、車道を左へ下ると、もう一つの駐車場に出る。その奥に落陽コースの入り口がある。ウッドチップが敷かれた道は、前述した折り返し地点へ通じている。

その途中、右手に大和の大杉を示す小さな道標がある。ここから右折すれば、10分ほどで大和の大杉に到着だ。

大杉を右手に見て直進し、七又杉を見て綾杉方向へ下る。綾杉の先で太祖宮から下ってきた道を合わせ、道なりに下ると、再び三差路に出合う。右は金剛頂院へ。左は大和の森遊歩道入り口に出る。どちらを取っても時間に大差はない。車道に出れば、目鼻先に若杉楽園の駐車場がある。

山行アドバイス

①岳城山登り口から山頂までは、硬く踏まれた登山道が続き、迷いやすい所も危険箇所もない。子ども連れのファミリーでも十分歩けるだろう。

②復路は、登山道に加えて森林セラピーコースや大和の森遊歩道などが入り組んでおり、若干注意が必要。急な下りもある。子ども連れの場合は、奥ノ院駐車場から車道を下るといい。

③奥ノ院のはさみ岩周辺にある岩の階段はつるつる滑る。雨後など濡れている際は特に用心しよう。

④山頂周辺は、舗装路、登山道、森林セラピーコース、大和の森遊歩道などが入り組んでいる。そのため、若杉楽園に戻るには幾つものルート設定が可能。本文では、道順的に分かりやすいルートを紹介したが、舗装路歩きを除き、最終的に綾杉を目指せばどのルートを取っても若杉楽園に出る。

⑤若杉楽園の使用料（駐車場を含む）は以下の通り。入場から3時間＝無料。9時間＝500円、18時間＝1000円。以降、12時間ごとに500円の課金。5000円、1万円札は使えない。要注意。

23 若杉楽園から若杉山／西尾根道・大和の森遊歩道 ［周回］

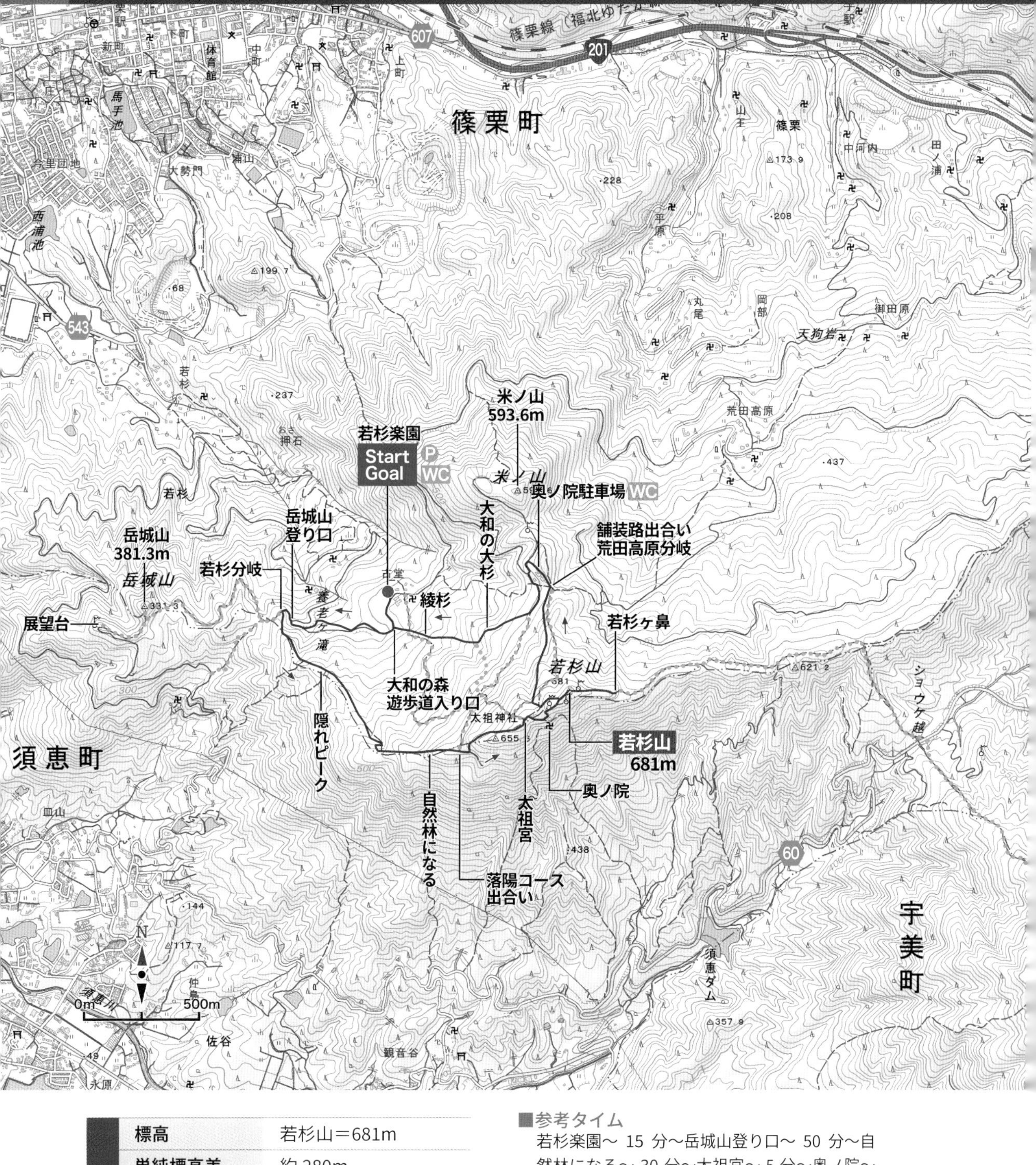

山行データ		
	標高	若杉山＝681m
	単純標高差	約 280m
	歩行時間の目安	約 3 時間
	緯度経度（スタート地点）	33 度 36 分 4.80 秒 130 度 32 分 11.07 秒
	MAPCODE®	55 634 680*31

■参考タイム

若杉楽園～ 15 分～岳城山登り口～ 50 分～自然林になる～ 30 分～太祖宮～ 5 分～奥ノ院～ 10 分～若杉山～ 5 分～若杉ヶ鼻～ 25 分～奥ノ院駐車場～ 20 分～大和の大杉～ 20 分～若杉楽園（往路・若杉ヶ鼻まで＝1 時間 55 分／復路・若杉ヶ鼻から＝1 時間 5 分）

■関係市町村

篠栗町産業観光課商工観光係＝092（947）1217
篠栗町観光協会＝092（947）1880

24
★
周回

荒田高原から若杉山〜米ノ山／森林セラピーロード

仏岩、太祖宮、奥ノ院と巡礼の山の名所をたどって周回！

　国道201号・八木山バイパス入り口の西側から若杉山の中腹へ向かって曲がりくねった舗装林道が延びている。荒田高原は、この林道を詰め上げた標高約360メートル地点にある。篠栗四国八十八ヵ所霊場めぐりの南の拠点として知られ、周辺には昔ながらの遍路宿が点在している。ここを基点に若杉山〜米ノ山と周回する変則8の字ルートを案内しよう。

　トイレの前にある駐車場（約5台）からスタート。「レストハウスくわの」角の三差路は右を取り、坂を登る。森林セラピー「夫婦杉コース」の道標に従って右へ曲がると、一見公民館ふうの建物を見る。26番札所（薬師大寺）で、その前を通って山道に取りつく。スギ林の中で薄暗いものの、道はしっかりしている。

　石に覆われた道をたどり、丸太橋を渡ると、間もなく視界が開ける。スギの幼木帯で、これを登ればベンチのある小広場に出合う。左手に作業道が延びており、小広場はスギを伐採する際に使われた作業道の終点のようである。

　正面の山道に取りつき、急登を経て林道に出る。合流点には森林セラピーの道標と「荒田高原山道近道」の石柱が立っている。右を取り、しばらくは林道をたどる。カーブ地点にある大《おお》山祇《やまつみ》神社の前を通って登ると、林道三差路に出合う。右の道は作業道で、ここは左の車止めゲートのある簡易舗装の林道へ。

　その先に遍路道への取りつき点があり、「奥の院／仏岩」の道標に従って右へ進む。歩くこと数分で不動明王をはじめ、数体の石仏が鎮座する大岩が現れる。これが仏岩。霊気を感じる不思議な場所で、右手奥に進むと小さな窟もある。

　仏岩の左側を抜けて樹林の道を緩く登ると、ほどなくして変則五差路に出る。この周回ルートのポイントの一つで、奥ノ院へ至る舗装路が南へ延びている。周辺には、案内板や道標などが賑やかに立ち並ぶ。ここは舗装路と並行して南へ走る山道をたどり、太祖宮〜奥ノ院〜若杉山と回ることにしよう。

　山道に入ると、昭和の造

太祖宮へ続く苔むした階段。幅は狭く、急で長い。

作業道終点から林道に出て、これを道なりに登り、仏岩を目指す。

樹林の中を抜けると、スギの幼木帯に出る。この上部に作業道終点がある。

荒田高原。トイレと案内板の前に駐車場がある。ここからスタート。

レストハウスくわの角の三差路は右を取って登る。

仏岩。石仏巡礼の山にふさわしい霊気漂う不思議なスポットである。

右手に 26 番札所、薬師大寺を見て登ると遍路道の取りつき点がある。

林時代に植えられたものとは趣を異にするスギの大木に次々と出合う。それらを見ながら緩やかに登る。大岩の先から右手に手すりが現れ、やがて植栽されたシャクナゲ林の中の三差路に行き当たり、右を取る。ちなみに、左を取ればすぐ前述の舗装路に出る。

５分足らずで再び三差路に突き当たり、左手に長い石段を見る。傾斜は急で、階段の幅は狭い。手すりを頼って慎重に登り切った所が太祖宮の拝殿である。参拝後、左へ抜けて奥ノ院へ。大スギの脇から石段を下り、はさみ岩を抜ければ、金色の光をまとう弘法大師像がおわす奥ノ院に到着だ。

ひと息入れたら、弘法大師像の右脇を抜け、階段を登る。右へ折れ、電波施設の脇を通って若杉山山頂へ。残念ながら展望はない。また、ピーク感にも欠ける。来た道を少し戻り、右手の道を下れば舗装路に出る。これを下って変則五差路に戻ろう。

米ノ山へは奥ノ院駐車場へいったん下り、舗装路を歩く手もあるが、変則五差路のベンチの裏手に山道がついている。これをたどり、鞍部の手前で舗装路に合流し、鞍部から再び山道に取りつく。若杉三宝大荒神の鳥居をくぐると、いきなりの急登で面食らうが、しばらくの辛抱で三宝大荒神と四等三角点のある米ノ山山頂に至る。ピークは狭く、展望はない。

山頂から西へ下り、わずかに登り返した平らな広場が米ノ山展望台。西端に東

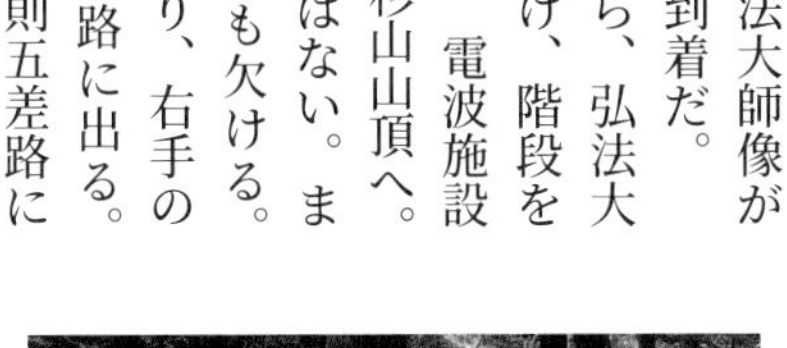
8 の字周回のポイントとなる変則五差路。左手が車道。けっこう勾配がきつい。ここは往路、復路ともに右の山道を歩くほうがいい。

若杉山山頂。鈍頂に加え、すぐそばまで電波施設の建屋が迫っていることもあっていまいちパッとしない。

変則五差路から山道に入る。スギの大木が点在する雰囲気のいい道である。左手に大岩を見た先から手すりが現れる。

「こもれ陽の森」周辺。道なりに下った所に若杉林道への下降点がある。

ひっそりとした米ノ山山頂。四等三角点ピークで、展望台の東に位置している。

変則五差路から米ノ山へ通じる山道がある。ベンチの裏側から取りつく。

東屋が建つ米ノ山展望台は展望抜群。ここまで車道が通じている。

米ノ山へ。車道脇の三宝大荒神の鳥居をくぐると、すぐに長くて急な上りとなる。

若杉林道を目指して下る。「こもれ陽の森」の下降点から標高差は 150 メートルあるが、道はジグザグにつけられており、思いほか楽に下れる。

屋があり、博多湾を望む北から西にかけての展望は素晴らしい。なお、ここを米ノ山山頂と勘違いしている人が意外と多いが、真のピークは前述の通りである。

さて、復路は、展望台の東にある「こもれ陽の森」へ下り、米ノ山の北山腹を巻く若杉林道を目指す。

森林セラピー「荒田周遊コース」の道標に従って幅の広い道を下ると、かつて整備された「こもれ陽の森」の小広場の奥に下降点がある。若杉林道まで標高差150メートルの尾根の急降下だが、手すり付きの遊歩道がジグザグにつけられており、問題なく歩ける。ただし、あまり歩かれていないようだ。

若杉林道に下り立ったら右を取る。いささか長い林道歩きだが、アップダウンは少なく、危険箇所もなく、45分ほどでスタート地点の荒田高原に帰り着く。

山行アドバイス

①若杉山と米ノ山の頂を踏む約6キロの周回ルート。登山道、遍路道、林道、遊歩道が入り組んでいるが、道標が整備されており、問題なく歩ける。強いて挙げれば、最後の林道歩きが長いこと。それが嫌なら米ノ山展望所から変則五差路に出て、往路を戻ろう。

②若杉山から変則五差路へ戻る際、本文では舗装路を下ったが、「御宝号一億萬遍標」の石柱を目印に左折して往路の山道を下ってもよい。スギの大木が点在するこの道は、気持ちのよい森歩きを楽しめる。

24 荒田高原から若杉山〜米ノ山／森林セラピーロード ［周回］

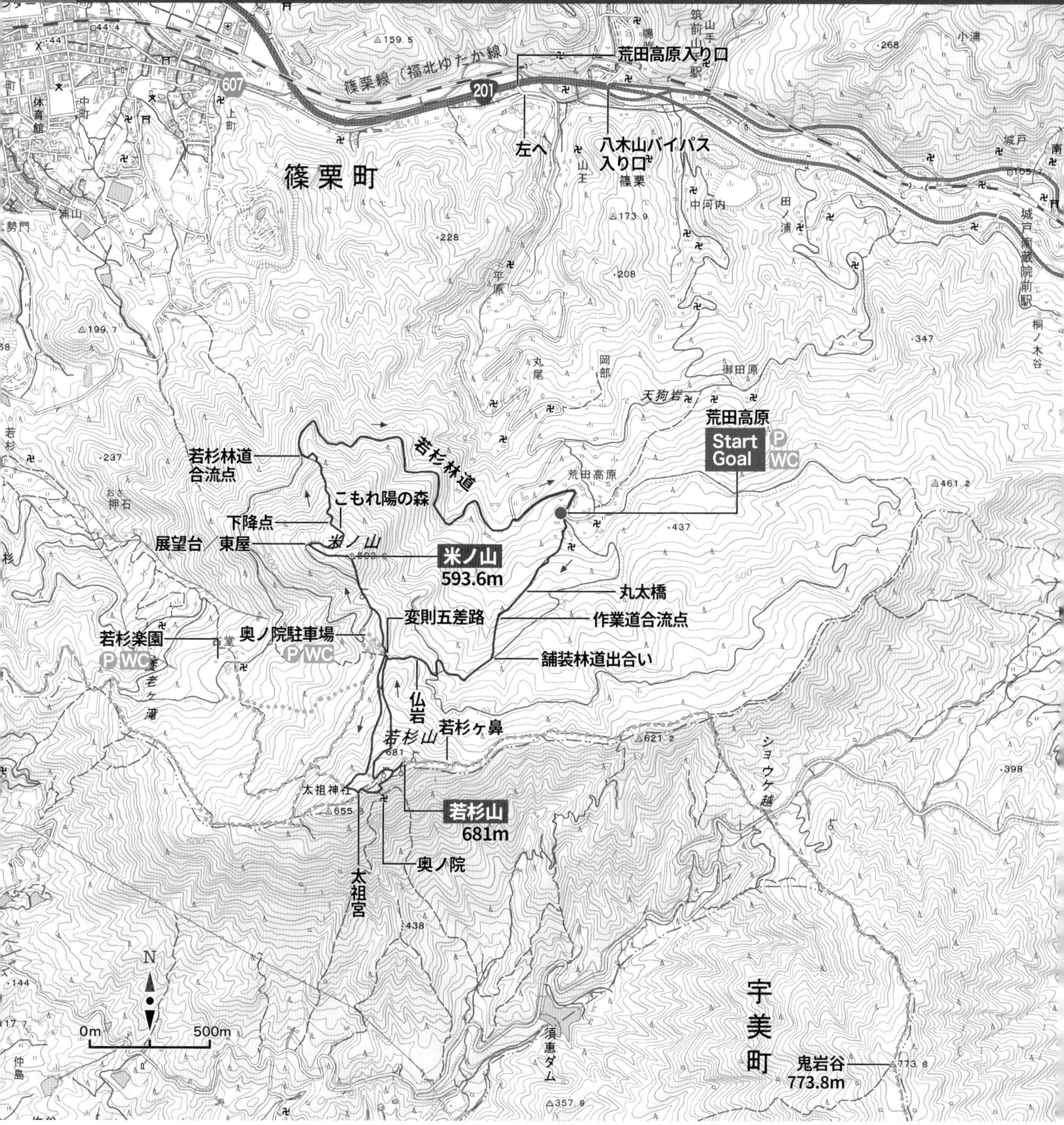

山行データ		
	標高	若杉山＝681m 米ノ山＝593.6m
	単純標高差	約 320m
	歩行時間の目安	約 3 時間 30 分
	緯度経度（スタート地点）	33 度 36 分 24.29 秒 130 度 33 分 5.06 秒
	MAPCODE®	55 666 343*21

■参考タイム

荒田高原〜 25 分〜作業道合流点〜 25 分〜仏岩〜 5 分〜変則五差路〜 25 分〜太祖宮〜 5 分〜奥ノ院〜10 分〜若杉山〜 20 分〜変則五差路〜〜15 分〜米ノ山〜 15 分〜「こもれ陽の森」下降点〜20 分〜若杉林道合流点〜 45 分〜荒田高原（往路＝2 時間 10 分／復路＝ 1 時間 20 分）

■関係市町村

篠栗町産業観光課商工観光係＝092（947）1217
篠栗町観光協会＝092（947）1880

25
★
周回

明王院から岳城山／若杉山自然歩道

養老ヶ滝と水平道と好展望を満喫する楽々周回ルート

若杉山山頂から派生した西尾根は、標高５００メートル付近で北西に向かい、そのあと再び西へ折れて山麓へ落ちてゆく。その途中のピークが岳城山《たけじょう》である。戦国時代の山城(高鳥居城)跡で、平らな地形が多く、登山道はトラバース主体。急な上りはない。

したがって、山登りというよりはむしろ森歩きといった趣ではあるが、スギ林に覆われているにもかかわらず、思いのほか野草も多く、好展望地もある。山登りを始めようという人や子ども連れのファミリーハイクにはうってつけである。

篠栗町からも須恵町からも登路が延びているが、後者は幅の広い林道歩き主体。よって、篠栗町からの周回ルートを紹介しよう。

養老ヶ滝で知られる明王院の駐車場から右手に「若杉山自然歩道」の古い案内板を見て、山門をくぐる。幟のはためく参道を進むと、5分足らずで三差路に行き

岳城山山頂直下から展望台へ続く水平道。スギ木立ちの中だが、さながら心和むプロムナードの趣である。

明王院の山門と若杉山自然歩道の古い案内板。この手前に駐車場がある。

岳城分岐。ここは右を取って西進する。左を取れば、岳城山登り口がある車道に出る。

今なお滝行が行われている養老ヶ滝。5 月中〜下旬の周辺は、ユキノシタの花で彩られる。

このルートで最も目につく野草、モミジガサ。ちょっとした群生地もある。花期は 9 月初旬ごろ。

当たる。直進は、不動明王が鎮座する養老ヶ滝へ。ちなみに復路もここを通るから、立ち寄るのは後先どちらでもよい。

三差路から右を取って下ると、すぐ山道に入る。緩やかに続くトラバース道をたどれば、沢を渡った先で道標の立つ岳城分岐に出合う。左は、明王院上部の岳城山登り口からきた道だ。右を取り、西へ進む。なだらかなトラバース道は快適に歩ける。

周囲は植林だが、よく整備されており、光が射すせいかモミジガサ、トチバニンジン、サワハコベ、サラシナショウマ、キジョランなど野草も多い。ただし、夏前に定期的に草刈りが行われるようで、刈り取られてしまうこともある。

短いヤセ尾根を通過すれば間もなく岳城山の東直下で、再び三差路に出合う。右は山頂への直登。ここは左を取って回り込むほうがいい。展望台との分岐から右折し、ジグザグのステップをひと上りで平らな山頂に飛び出す。

樹林に包まれた高鳥居城の石碑が存在感を示し、その前に山頂標識が立っている。北側の斜面が開け、展望もある。5月中~下旬には二本のヤマボウシが開花して華を添える。標高は低いものの、居心地のよい山頂である。

ひと息入れたら展望台分岐まで戻り、さらに西へ歩を進めよう。スギ木立ちの中に続く水平道をのんびりたどれば、わずかな上りで展望台に到着だ。明るい草付きの広場の西端に東屋があり、福岡市街地が一望の

岳城山への上りには丸太のステップが敷かれている。直登もできるが、こちらのほうが歩きやすい。

展望台からは胸のすく景色が広がる。福岡市街と博多湾、志賀島、能古島を望む。

山頂で存在感を示す高鳥居城の石碑。岳城山がかつて山城跡だったことを今に伝える。

東屋のある展望台。左手は皿山からの林道。

山頂標識。展望は北側が開けている。

下。左手には四王寺山、奥には脊振山系や糸島半島の山々が峰を連ね、博多湾と周辺の島々の眺めも爽快である。

　復路は、展望台から往路を戻ってもいいが、林道を皿山公園方向へ下って周回しよう。薬師堂を見て急カーブをすぎると、左手に水場と薬寿観音尊がある。その先の谷間が皿山ルートの取りつき点だ。

　間近に砂防堤を見て山道に入り、浅い谷間を詰め上げてゆく。比較的なだらかで、踏み跡もしっかりしている。植林の中、水場のある小さな岩場を抜ければ皿山分岐に出合い、右を取って5分ほどで岳城山登り口の車道に出る。

　そのまま車道を下っても明王院に帰り着くが、途中にショートカット道がある。ガードレールの隙間（道標あり）から左折して山道を下れば、日切地蔵菩薩の前に出て、すぐで養老ヶ滝に到着である。

皿山分岐。奥から手前に登ってくる。皿山ルート取りつき点から20分ほどの距離だ。

樹林の中にひっそりとたたずむ薬師堂。皿山公園方向に下る途中にある。

ガードレールの隙間にある養老ヶ滝へのショートカット道入り口。

皿山ルート取りつき点。左手に砂防堤を見ながら浅い谷間に入ってゆく。

山行アドバイス

①入山地点は明王院と、そこからさらに林道を上った岳城山登り口の二ヵ所。後者から取りつく場合は、若杉楽園に駐車するほうが幾分近い。

②ツツジの名所として知られる須恵町の皿山公園から散歩がてら展望台まで歩く人も多い。山登りなら皿山ルートで谷を詰め、反時計周りに岳城山、展望台と周回するとよい。

25 明王院から岳城山／若杉山自然歩道 ［周回］

山行データ		
	標高	岳城山＝381.3m
	単純標高差	約 85m
	歩行時間の目安	約 1 時間 40 分
	緯度経度（スタート地点）	33 度 36 分 9.57 秒 130 度 31 分 59.11 秒
	MAPCODE®	55 634 820*80

■参考タイム

明王院～ 3 分～養老ヶ滝～ 12 分～岳城分岐～ 25 分～岳城山～ 8 分～展望台～ 17 分～皿山ルート取りつき点～ 20 分～皿山分岐～5 分～岳城山登り口～10 分～明王院（往路＝40 分／復路＝1 時間）

■関係市町村

篠栗町産業観光課商工観光係＝092（947）1217
篠栗町観光協会＝092（947）1880
須恵町地域振興課＝092（932）1151（代表）

［あとがきに代えて］

宝の満つる山への想い

若気の至り。そんな言葉がぴったりの山行だった。ある年の大晦日のことである。宵闇が迫る中、旧筑穂町（現飯塚市）の茜屋《あかねや》キャンプ場へ足を運び、バンガローで腹ごしらえと仮眠を取って、除夜の鐘が響くころ、出発。三郡山から南進縦走し、宝満山の頂でご来光を仰ぐという計画だ。

東京で学生生活を送っていた二十歳をすぎたばかりの若者三人が故郷に帰省して、なにをとち狂ったか、そんなことを思い立ったのである。

山の経験といえば、遠足に毛が生えた程度。ウエアは綿のシャツとパッチ、厚手のシャツにウールのセーター。その上にヤッケをはおり、ズボンはなんとGパンだった。登山靴なんぞは

登山道脇に咲くキバナアキギリ。宝満・三郡山系の秋を代表する貴重な名花である。

持っておらず、バスケットシューズで代用だ。

　地図なし、コンパスなし、ツエルトなし、ヘッドライトもなし。左手に家庭用の懐中電灯を握り、白糸ノ滝へ取りついた。今にして思えば、無謀中の無謀！　そんな謗《そし》りはまぬがれまい。

　三郡山に登った経験はあった。だが、教師に引率された遠足だ。自力で登ったわけではない。当然の報いとして途中で道迷い。焦って谷を下ろうとした。素人の浅はかさ。というより山慣れた人でもなぜか陥ってしまう罠である。

　たまたまその谷筋を登ってくる人と出会い、命拾いした。好天、無風に加えて、無積雪だったことも幸いした。装備にしろ、谷を下る行為にしろ、罰金ものだ。いや、そもそもプラン自体が無思慮、ルール無視もはなはだしい。初めて登った宝満山の思い出には、そんな苦い教訓が澱《おり》のように沈んでいる。

　山頂で無事にご来光を拝み、正面道を下る。そのとき、続々と登ってくる人の多さとその出で立ちに驚いた。若者の眼には軽装に映ったのだ。太宰府側から登れば楽。ついそう思ってしまった。自分たちの大甘装備は棚に上げて…。

*

　それから約10年を経たある真夏、今度は竈《かまど》門神社から正面道をたどった。運動不足の体にきついこと。百段ガンギは特にこたえた。全身汗まみれ。楽勝と思っていただけに精神的なショックもあったのだろう、足を引きずるように登った覚えがある。

　中宮跡でひと息入れて、ようやく生き返る。少しずつ樹林や岩が目に留まり始め、山頂に着いたときには波のような甘美な達成感に包まれていた。

　さらに、キャンプセンターへ回る途中で出会った光景に息を飲む。垂直にそそり立つ岩の壁、静かに鎮座する巨岩。枝葉を広げたブナがそれらに濃い影を落とし、辺りは不思議な陰翳《いんえい》に彩られていた。

　その日の感動は小さくなかった。胸のすく展望や風光に惹かれ、あるいはブナやモミがそびえる縦走路に魅了され、頭巾《とっきん》山、三郡山、砥石山へ足を延ばす。その後、窟や石仏をはじめとする宗教的な色彩にも目を向けるようになった。とりわけ裏宝満を訪ねるようになってからは、修験の記憶の一端に触れた思いがする。

*

　宝満・三郡山系の山々はどこから登っても、それなりにきつい。だが、そのきつさを忘れさせる宝物があちらこちらに散らばっている。何度歩いても飽きないのはそのためである。まさに「宝の満つる山」。久しぶりにこの山系を集中的に歩いて、再びその思いを強くした。

　人によって、山に求めるものはさまざまである。自然にできるだけ負荷をかけず、人の迷惑にならない限りどんなスタイルで登ってもいいと思う。それは承知の上であえて言わせてもらえるならば、近ごろは街中の価値観を山に持ち込む人が増えたような気がしてならない。たとえば、スピード重視とか、他への無関心とか。「他」には、人とのコミュニケーションのみならず、自然との触れ合いも当然含まれる。

　単に頂に立つことだけが目的ならば、それは山登りの魅力の一部にすぎない。頂上に至る過程の中にも楽しみはいっぱいある。つまるところ、小さな発見や感動をもっと大切にしてもらえたらと思うのである。

　それこそがあなたにとっての宝物。山に登る喜びは気づきの中に隠れている。宝満・三郡山系を訪ねる際には、ぜひそのことを頭の片隅にメモして歩いていただけたらと思う。

（２０２０年10月25日）

■編者＝チーム・N

チーム・N は、山に登り、森を歩く中で自然の大切さを考えている九州人の集まりです。「N」は自然を表す nature を意味しています。本書の取材・執筆・編集については、主に以下のメンバーが担当しました。

・中村真悟（なかむら・しんご）

1957 年、福岡県飯塚市生まれ。職業は編集一筋。関わったメディアは多数。2001 年に九州初の山雑誌、季刊「GREEN WALK」を創刊し、11 年間編集長を務める。その後、季刊「のぼろ」の創刊に関わる。現在はフリーのネイチャーライター。

・岩永正朗（いわなが・まさお）

1978年、長崎市生まれ。学生時代から野山に親しみ、屋久島を訪れたことをきっかけに登山ガイドの世界へ。登山ガイドオフィス「山歩舎」を運営し、個人登山・ツアー登山のガイド、アウトドアイベント・講座の開催、山岳記事の編集・執筆を行っている。日本山岳ガイド協会認定登山ガイド。くじゅうネイチャーガイドクラブ所属。

＊Special thanks

本書の制作にあたっては、阿部武敏さん、米村奈穂さん、古賀克則さん、中村泰子さん、藤本広一さん、岩田博さん、福島優さんに大変お世話になりました。心より御礼申し上げます。

宝満《ほうまん》・三郡山系《さんぐんさんけい》徹底踏査《てっていとうさ》！

2020 年 12 月 1 日　第 1 刷発行

編　者　チーム・N
発行者　杉本雅子
発行所　有限会社海鳥社
〒812-0023　福岡市博多区奈良屋町 13 番 4 号
電話 092-272-0120　FAX092-272-0121
印刷・製本　シナノ書籍印刷株式会社
ISBN978-4-86656-087-8
http://www.kaichosha-f.co.jp
［定価は表紙カバーに表示］

＊本書掲載の地図は、国土地理院の電子地形図を使用しています。